02. YOLO PROJECT

NEW YORK

두근두근 뉴욕

21세기북스

CONTENTS

004 PROLOGUE

006 PERSONAL DATA

007 PURPOSE OF TRAVEL

008 INTRO : All about N.Y. _ 뉴욕 정복!
- 010 New York Map
- 012 All about N.Y.

020 INFO : 뉴욕, 완전정복! 꼭 알아야 할 BEST 5
- 022 1 _ 뉴욕 공항에서 숙소까지!
- 024 2 _ 뉴욕 지하철 완전정복!
- 026 3 _ 뉴욕 버스 완전정복!
- 028 4 _ 뉴욕 렌터카 완전정복!
- 030 5 _ 면세점을 똑똑하게 이용하는 방법

032 TRAVEL PACKING LIST

033 CHECK LIST

042 **PART 1 : 예술의 천국, 뉴욕**
044 ESSAY _ 뉴욕의 미술관&박물관을 가다

070 **PART 2 : 어머, 이건 꼭 먹어야 해!**
072 ESSAY _ 뉴욕의 맛집 탐방

096 **PART 3 : 뉴요커라면 공원이지!**
098 ESSAY _ 뉴욕 공원 여행, 해봤니?

122 **PART 4 : 뉴욕에서 쇼핑, 어디까지 해봤니?**
124 ESSAY _ 쇼핑도 스마트하게!

148 **PART 5 : 뉴욕의 밤은 낮보다 아름답다**
150 ESSAY _ 진정한 뉴요커라면, 밤을 즐긴다

174 **PART 6 : 영화 속 뉴욕 찾아가기**
176 ESSAY _ 낯설지 않은 뉴욕을 만끽하는 방법

부록

182 호텔 용어
    여행자를 위한 영어회화 _ 호텔편
183 뉴욕의 축제
185 미국의 사이즈 표
186 CONTACT LIST
187 COUPON

PROLOGUE

*"뉴욕 곳곳을 여름 내내 녹음해
미친 듯이 아름답고 엉망진창인 이 뉴욕이라는 도시에 바치는 거요."*

뉴욕을 떠올리면 동시에 생각나는 영화 <비긴 어게인>에
등장하는 대사이다. 뉴욕에 대한 표현이 참 적절하다.
미친 듯이 아름답고 엉망진창인 도시.
정갈하게 정돈되지 않은 까닭에
뉴욕은 더욱 매력 넘치는 도시가 된다.

뉴욕을 배경으로 음악을 하는 남녀의 사랑과
꿈에 대해 이야기하는 <비긴 어게인>.
뉴욕으로 떠나는 순간 어느 거리에서인가
이어폰을 나눠 끼고 걷고 있는 댄과 그레타를 만나게 될 것만 같다.
뉴욕은 항상 예상할 수 없는 일이 일어나는 도시이니 말이다.

*"가장 따분한 순간까지도 갑자기 의미를 갖게 되니까.
이런 평범함도 음악을 듣는 순간 아름답게 빛나는 진주처럼 변하지.
그게 음악이야."*

여행도 음악과 같다. 따분한 일상에서 벗어나 여행을 시작하는 순간
가장 일상적인 행동까지도 의미를 가진다.
여행을 하면서 만나는 모든 순간은 아름답게 빛나는 진주이다.
우리 모두는 여행을 하면서 나만의 진주를 찾게 될 것이다.
댄의 주문처럼!

"지금 이 순간이 진주야. 그레타"

PERSONAL DATA

NAME	MALE ☐ FEMALE ☐
NATIONALITY	
PASSPORT NO.	
E-MAIL	
MOBILE PHONE	
ADDRESS	

PURPOSE OF TRAVEL

여행을 통해 얻고 싶은 목표들을 메모해보세요

INTRO

뉴욕 정복!

All about

NEW YORK MAP

MY SCHEDULE

DATE　　　PLACE

자유의 여신상

앨리스 오스틴 하우스 •

STATEN ISLAND

All about N.Y.

● 항구도시 뉴욕은 미국의 경제, 문화, 금융, 상업, 무역의 중심지다. 1790년 워싱턴 D.C에 수도 자리를 넘겨줬지만 여전히 미국을 대표하는 최대 도시이다. 서울의 두 배 정도 되는 면적의 뉴욕시에는 약 1,000만 명(교외 지역까지 포함하면 1,600만 명에 가까운 인구)이 넘는 사람들이 살고 있다. 뉴욕은 1920년대를 지나면서 새로운 경제 중심지로 성장했으며, 세계 경제에 미치는 영향력 또한 커졌다. 미국 경제의 핵심인 월스트리트 역시 뉴욕 맨해튼에 있으며, 국제연합(UN) 본부도 이곳에 자리하고 있다. 이처럼 뉴욕은 전 세계의 눈과 귀가 집중된 글로벌 정치, 경제의 각축장이자 새로운 문화가 꽃 피는 곳이기도 하다.

뉴욕 여행을 간다고 하면 도시 전체보다는 맨해튼을 생각하는 경우가 대부분이다. 하지만 맨해튼 외 브롱크스, 브루클린, 퀸즈, 스테이튼 아일랜드까지 일명 '뉴욕 5구'의 매력을 외면하기란 쉽지 않다. 특히 브루클린, 브롱크스 등 맨해튼 이외의 지역에서 새로운 문화를 느낄 수 있는 명소가 점차 등장하고 있다. 따라서 본격적인 뉴욕 여행을 시작하기에 앞서 지역별 특징에 대해 알아보기를 권한다. 유명 관광지보다는 각 지역에 숨은 명소들을 찾아가 보는 것도 자기만의 독특한 여행을 완성하는 좋은 방법이 될 것이다.

1

일 년에 단 두 번 볼 수 있는 특별한 석양을 가진 도시

맨해튼

맨해튼은 뉴욕 5개의 자치구 중 가장 작은 지역이지만 세계 경제, 문화의 중심지 역할을 하는 곳이다. 뉴욕을 찾은 여행자의 70% 이상이 '뉴욕 여행=맨해튼 여행'이라고 생각할 만큼 뉴욕을 대표하는 명소들이 맨해튼에 있다. 미국 드라마 <가십걸> 덕분에 익숙해진 어퍼이스트, 패션과 쇼핑의 중심지 5번가, 세계 경제의 메카 월스트리트, 뮤지컬의 천국 브로드웨이, 뉴욕 하면 동시에 떠오르는 센트럴파크 등 맨해튼의 명소는 모두 나열하기도 벅차다. 때문에 짧은 여행 일정 동안 맨해튼의 모든 것을 경험하기란 불가능에 가깝다. 따라서 맨해튼 각 지역의 특징을 알고, 어떤 지역을 꼭 가야 하는지 나만의 스케줄을 짠 후 여행을 시작하는 것이 좋다. 더불어 워낙 교통이 혼잡하기 때문에 일정과 함께 여행 동선을 잘 짜야 한다. 여행하는 동안 차 안에서 시간을 보내는 것은 너무 아쉬운 일이니 말이다.

POINT

1
집중 공략 지역 선정

맨해튼을 공략하려면 여행 테마를 먼저 결정하는 게 좋다. 쇼핑이 포인트라면 소호 지역과 노호&노리타, 5번가로 향하자. 반대로 공원을 거닐면서 뉴요커들의 라이프 스타일을 경험하고 싶다면 센트럴파크, 유니언 스퀘어&그래머시 지역이 제격이다. 아름다운 뉴욕의 거리를 경험하고 예상할 수 없는 여행의 묘미를 즐기고 싶다면 그리니치 빌리지, 첼시 지역으로 방향을 잡자. 마지막으로 뉴욕 안에서 또 다른 나라를 여행하는 느낌을 원한다면 리틀 이탈리아, 차이나타운을 선택하면 된다.

2
맨해튼 헨지(Manhattanhenge)

일 년에 단 두 번 만날 수 있는 아주 특별한 석양을 보고 싶은가? 그렇다면 맨해튼으로 가라. 맨해튼에는 매년 5월 말, 7월 초 맨해튼 헨지라는 기적이 일어난다. 태양의 일몰 궤적과 맨해튼 스트리트 라인이 정확하게 일치해, 마치 거대한 태양이 도심 마천루 사이에 걸쳐진 듯한 장관을 연출한다. 이는 바둑판 같은 맨해튼의 독특한 구조, 굽은 도로 없이 일직선상에 지어진 빌딩, 완벽한 평지 등을 기반으로 한 도시 계획 덕분에 볼 수 있는 특별한 장면이다. 이 경이로운 순간을 보고 싶다면 14번가, 23번가, 34번가, 42번가, 57번가를 선점하길 권한다.

2

예술이 숨 쉬고 예술가들이 사랑하는 곳

브루클린

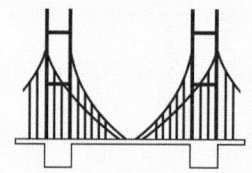

맨해튼에서 이스트강을 건너면 만나게 되는 브루클린. 뉴욕 5구 중 가장 많은 인구가 사는 지역이기도 하다. 뉴요커들이 애정 하는 예술가들의 활동 중심지이면서, 젊은이들에게 인기를 얻고 있는 곳이다. 특히 덤보 지역은 뉴욕을 찾는 여행객들의 필수 코스에 포함되어 있다. 브루클린 브리지를 건너 예술가들의 동네를 여행해보는 것도 새로운 뉴욕을 만날 수 있는 방법이 아닐까. 브루클린에서는 언제, 어디서 눈과 발을 뗄 수 없는 곳을 만날지 예상할 수 없기 때문에 더욱 즐거운 여행이 가능하다.

POINT

1
뉴욕 베스트 컷을 원한다면!

'여기가 뉴욕'이라는 의미를 한 장의 사진으로 전달하고 싶다면 브루클린 브리지와 덤보가 답이다. 덤보 지역은 다리 사이로 엠파이어 스테이트 빌딩이 보이는 지역으로 유명해졌다. 이곳에서 사진을 찍으면 뉴욕에서 가장 유명한 두 명소를 한 앵글에 담을 수 있다. 브루클린 브리지는 뉴욕의 대표적인 명소로, 이곳을 천천히 건너면 다리 위에서 바라보는 맨해튼과 브루클린의 모습에 마음을 빼앗기게 될 것이다. 또한 해가 질 때를 맞춰 다리에 올라 야경을 감상하며 사진으로 남기는 것도 추천한다.

2
윌리엄스버그(Williamsburg)는 주말에

윌리엄스 다리가 시작되는 곳 윌리엄스버그. 피터 루거 스테이크 하우스가 있는 지역으로 브루클린에서도 핫한 곳이다. 거리 미술품들을 볼 수 있고, 맨해튼과는 다른 자유로움을 느낄 수 있다. 특히 주말에 이곳을 찾으면 유대인 중에서도 가장 정통적, 보수적이라는 하시딕 주이시(Hasidic Jewish)들을 만나는 색다른 경험을 할 수 있다.

3

미국에서 가장 큰 동물원이 있는 곳

브롱크스

맨해튼 북쪽에 위치한 지역이다. 브롱크스의 어원은 스웨덴 출신으로 이 지역을 사들인 인물의 이름이라고 전해진다. 1898년 뉴욕에 편입되었으며 맨해튼과 도로, 철도로 연결되면서 발전하기 시작했다. 양키 스타디움, 브롱크스 동물원 등이 대표적인 볼거리이다. 특히 브롱크스 동물원은 세계에서 4번째, 미국에서는 가장 큰 동물원으로 지금껏 본 적 없는 다양한 동물들을 만날 수 있는 곳이다. 수요일은 무료 개방이니, 일정을 맞춰 방문하면 좋다.

! POINT

1
펠햄 베이 파크(Pelham Bay Park)

브롱크스에는 뉴욕시에서 제일 큰 공원인 펠햄 베이 파크가 있다. 오차드 비치로 둘러싸여 있어, 뉴욕에서 바닷가를 보고 싶다면 이곳으로 향하면 된다. 어딘지 모르게 촌스럽고 한적한 공원 풍경에서 센트럴파크를 비롯해 맨해튼의 공원들과는 또 다른 매력을 느낄 수 있다.

2
아서 애비뉴(Arthur Avenue)

맨해튼에 리틀 이탈리아가 있다면 브롱크스에는 이탈리아의 어느 작은 마을을 옮겨온 듯한 아서 애비뉴가 있다. 아서 애비뉴 지역에는 미국에 자리 잡은 이탈리아 사람들이 대를 이어 운영하는 레스토랑, 빵집, 슈퍼마켓 등이 있다. 골목 사이사이에서 이탈리아의 특산물을 파는 가게들을 만나 볼 수 있고 이탈리아인 특유의 활기찬 라이프를 경험할 수 있다는 점도 매력적이다.

4

뉴욕 여행자들의 첫 관문

퀸즈

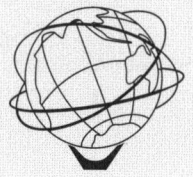

퀸즈는 뉴욕 5구 중 가장 넓은 곳이자, 뉴욕을 여행하는 여행자들이 가장 먼저 만나게 되는 지역이다. 뉴욕의 관문인 존 F. 케네디 공항과 라과디아 공항 등이 퀸즈에 있기 때문. 대부분 주거 지역이며, 세계 각지에서 뉴욕으로 이민 온 사람들이 모여 새로운 터전을 만들어가고 있는 곳이기도 하다. 대표적인 명소는 퀸즈 미술관과 뉴욕 메츠의 홈구장인 시티필드. 퀸즈 미술관은 기부금 입장이 가능하니 이 지역을 여행한다면 들러 보길 권한다.

POINT

1
맨해튼 야경은 퀸즈에서 즐기자

퀸즈에서 바라보는 맨해튼의 야경은 말이 필요 없을 정도로 완벽하다. 특히 퀸즈의 롱아일랜드 시티에서 바라보는 맨해튼의 야경이 특히 뛰어나다.

2
다민족 도시 뉴욕을 경험하자

퀸즈는 뉴욕이라는 도시에 얼마나 다양한 민족이 살고 있는지 느낄 수 있는 지역이다. 맨해튼보다 더 큰 규모의 차이나타운, 미국과 아시아 문화가 혼합된 잭슨 하이츠 등은 뉴욕이면서도 뉴욕이 아닌 이국적인 느낌을 준다. 이 외에도 전형적인 미국식 부촌 화이트 스톤도 있다. 2층 집이 가지런히 쭉 이어져 있는 화이트 스톤의 모습에서 미국 드라마나 영화의 한 장면이 자연스레 떠오를 것이다.

5

영화 같은 하루를 원한다면

스테이튼 아일랜드

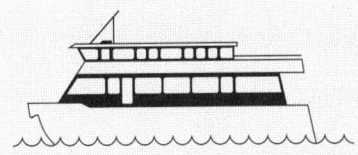

이곳은 허드슨강 하구에 있는 스테이튼 아일랜드와 주변 작은 섬들로 이뤄진 지역이다. 맨해튼에서 바로 연결되는 다리가 없기 때문에 페리를 타거나 브루클린과 연결된 다리를 이용해야 갈 수 있다. 페리를 타고 자유의 여신상을 보며 스테이튼 아일랜드로 가보는 것도 좋다. 페리는 배터리 파크 근처 정류장에서 15분에 한 대씩 운행한다. 다만 페리를 타면 자유의 여신상을 아주 자세하게 보는 것은 어려우니 참고하자.

POINT

1
앨리스 오스틴 하우스(Alice Austin House)

미국 최초의 여성 사진작가 앨리스 오스틴. 그녀의 작품을 전시하는 뮤지엄이 스테이튼 아일랜드에 있다. 이곳은 주변 공원과 건물이 어우러진 풍경이 아름답기로 유명하다. 뮤지엄에서 작품 관람과 함께 아름다운 풍경을 보며 여유를 즐겨보는 것은 어떨까.

2
페리를 타고 영화의 한 장면 연출하기

위에서 설명한 것처럼 맨해튼에서 스테이튼 아일랜드로 이동할 때는 페리를 이용하면 된다. 약 25분 정도 소요되며, 무료로 이용할 수 있다. 맨해튼에서 탑승할 때는 오른쪽, 스테이튼 아일랜드에서 탑승할 때는 왼쪽에 자리를 잡는 것이 팁. 자유의 여신상과 함께 사진을 남길 수 있는 위치이다. 가끔 날이 안 좋을 때는 맨해튼에서 자유의 여신상까지만 운행하는 경우도 있으니 참고하자.

INFO

뉴욕, 완전정복!
꼭 알아야 할 BEST 5

Have to know

BEST 5

뉴욕 공항에서 숙소까지!

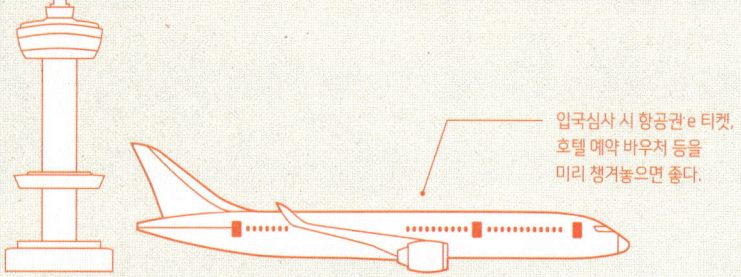

입국심사 시 항공권 e 티켓, 호텔 예약 바우처 등을 미리 챙겨놓으면 좋다.

택시 스테이션에서 고정요금으로 운행되는 택시를 타면 53-60$로 시내에 갈 수 있다.

시간이 좀 걸리지만 가격이 저렴한 에어트레인과 지하철. 에어트레인은 후불제로 자메이카 역에서 티켓을 구매할 수 있다.

6명이 모여 함께 이동이 가능한 슈퍼셔틀은 인터넷 또는 현장 예약으로 운영된다.

1

Q1 걱정되는 입국심사, 이것만 알면 어렵지 않다?

뉴욕 여행을 시작하기 위해서 반드시 통과해야 하는 것이 바로 입국심사! 미국은 테러의 위험 등으로 입국심사가 까다롭기로 유명하다. 그러나 뉴욕은 조금 다르다. 워낙 한국 사람들이 많이 살고 있어서인지, 한국과 관련된 가벼운 농담까지 던질 정도로 친근하다. 또한 커플이나 그룹으로 여행을 간 경우, 입국심사를 함께 받을 수 있다.

그럼에도 준비는 필요하다. 어디서 왔는지, 왜 왔는지, 얼마나 여행을 할 것인지, 어디에 묵는지, 경비는 어느 정도 가지고 있는지 등 기본적인 질문에 대한 답은 미리 생각해 놓는 것이 좋다. 미혼 여성 또는 미혼 남성의 경우 불법체류 위험이 있어 좀 더 꼼꼼하게 입국심사를 하니 항공권 e 티켓, 호텔 예약 바우처 등을 챙겨놓으면 도움이 된다. 더불어 예상하지 못한 질문이 나오더라도 너무 당황하지 말고 침착하게 마인드 컨트롤을 하자. 다 사람 사는 곳이라는 사실만 기억해두면 두려움을 한층 없앨 수 있다.

Q2 공항에서 시내까지 어떻게 가야 할까?

입국심사를 마치고 짐을 찾았다면 본격적으로 뉴욕과 만날 준비를 한 셈이다. 하나의 관문만 더 통과하면 뉴욕에 발을 디딜 수 있다. 바로 공항에서 시내까지 가는 것! 가장 편하고 빠른 방법은 택시를 이용하는 것이다. 편한 만큼 가격 부담이 있는 것도 사실, 60-80$ 정도의 요금이 발생하니 참고하자. 한 가지 팁은 공항 밖에서 호객행위를 하는 택시를 이용하지 말 것! 택시 스테이션에서 고정요금으로 운행되는 택시를 타면 좀 더 저렴하게 이용할 수 있다. 고정요금은 53-60$ 사이이다.

반대로 저렴하지만 시간이 걸리는 방법은 에어트레인과 지하철이다. 에어트레인은 후불제로 운영되니 표를 어디서 사야 하는지 고민하지 말자. 자메이카 역에서 내려 개찰구 통과 전, 자판기 또는 편의점에서 에어트레인 티켓(8.5$)을 구매할 수 있다. 이때 뉴욕 내에서 버스와 지하철을 무제한으로 이용할 수 있는 7일 메트로 카드(32$)와 30일 메트로 카드(120$)도 함께 살 수 있으니 여행 스케줄을 확인하고 구매하자.

또 다른 방법은 슈퍼셔틀(www.supershuttle.com)을 이용하는 것이다. 6명 정도를 그룹으로 묶어 한 차에 타고 이동하는 형태로 운영되며, 인터넷과 현장 예약이 가능하다. 다만 현장에서는 그룹이 만들어질 때까지 대기시간이 있을 수 있고, 그룹에 속한 이들의 목적지를 돌기 때문에 택시보다는 시간이 더 걸린다. 반대로 인터넷 예약을 미리 할 경우 비행기 연착, 입국심사 지연 등의 문제가 발생하면 본의 아니게 다른 이들에게 민폐(?)가 될 수 있으니 주의하자. 슈퍼셔틀은 16-25$ 정도이며, 인터넷 예약을 하면 할인이 되기도 한다.

Subway
뉴욕 지하철 완전정복!

메트로 카드
1회 2.75$
7일 무제한 32$
30일 무제한 120$
기간제 메트로 카드는
뉴욕 내 지하철과 버스를
모두 이용할 수 있다.

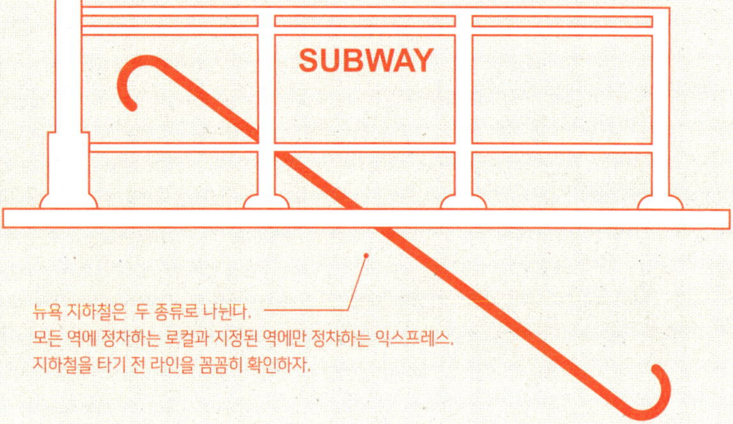

뉴욕 지하철은 두 종류로 나뉜다.
모든 역에 정차하는 로컬과 지정된 역에만 정차하는 익스프레스.
지하철을 타기 전 라인을 꼼꼼히 확인하자.

주말에 지하철을 이용할 때는 바뀐 노선도를 체크해야 한다.

  지하철에서는 인터넷이 되지 않는다.
또한 뉴욕 지하철에는 화장실이 없으니 참고할 것.

2

　지하철은 뉴욕을 대표하는 교통수단이다. 그러나 지하철이 운행을 시작한 지 100년이 넘었기 때문에 지하철역, 지하철 내부 환경에 대해서는 크게 기대하지 않는 것이 좋다. 더러움과 냄새에 조금 관대해질 필요가 있다. 24시간 365일 운행하는 지하철(뉴요커들은 트레인이라 부른다) 덕분에 뉴욕 여행이 한결 수월한 것이니 말이다.

　지하철 이용 티켓은 메트로 카드이다. 1회 이용이 가능한 메트로 카드의 가격은 2.75$. 이 밖에도 7일 무제한 메트로 카드(32$)와 30일 무제한 메트로 카드(120$)가 있으니, 여행 일정에 따라 구매하면 된다(수수료 1$가 추가되며 거스름 돈은 최대 9$만 받을 수 있다). 기간이 정해져 있는 무제한 메트로 카드는 뉴욕 내에서 지하철뿐 아니라 버스도 마음껏 이용할 수 있어 여행객에게 유용하다. 단, 중복 사용을 방지하기 위해 한 번 사용한 후 20분 내에 재사용이 불가능하다. 또한 뉴욕의 지하철은 몇 번을 갈아타도 요금을 추가로 받지 않으니 내릴 때는 카드가 필요하지 않다.

　뉴욕 지하철은 로컬과 익스프레스로 나뉜다. 로컬은 모든 역에 다 서고, 익스프레스는 지정된 역에만 정차한다. 익스프레스는 지하철 노선도에 하얀색 동그라미로 표시된 역에서만 선다. A, D, E, F, L, Q, 2, 3, 7라인 등이 익스프레스와 로컬이 모두 다니거나 익스프레스만 다니는 노선이니 주의가 필요하다. 지하철역의 같은 레일에 다른 라인이 정차하는 경우도 있으니 지하철을 타기 전에 반드시 한번 더 확인해야 한다. 또한 업 타운 방향인지 다운 타운 방향인지도 체크할 것.

　뉴욕 지하철을 이용할 때 3가지 주의할 점이 있다. 첫 번째는 주말에 지하철을 이용할 경우 안내 표지판을 확인해 바뀐 노선도를 체크해야 한다. 주말에 이용이 적은 역은 운행을 하지 않고, 정비 등의 문제로 운행이 중단되기도 해 노선도가 바뀌기 때문에 가려는 곳에 지하철이 정차하는지 꼭 확인한 후 이용할 것. 두 번째는 지하철에서 인터넷을 이용해 정보를 찾겠다는 생각은 하지 않는 것이 좋다. 뉴욕은 지하로 들어가면 인터넷은 물론 전화도 먹통 상태가 된다. 포켓 와이파이를 챙겨도 결과는 마찬가지이니 참고하자. 마지막 주의점은 뉴욕 지하철의 출입구가 대부분 건물 안에 숨어 있으니 지하철 표시를 잘 찾아야 한다는 것이다. 같은 역이지만 상행인지 하행인지에 따라 입구가 다른 경우도 있으니 주의하자. 한 가지 팁을 더 주면 뉴욕 지하철에는 화장실이 없다는 사실도 잊으면 안 된다.

Bus
뉴욕 버스 완전정복!

요금은 2.75$로, 현금으로 내거나 메트로 티켓을 사용할 수 있다. 메트로 티켓을 이용해 버스에서 내려 지하철로 환승한다면 기사에게 트랜스퍼 티켓을 받도록 한다.

뉴욕의 버스는 번호 앞에 지역을 의미하는 알파벳이 붙는다.

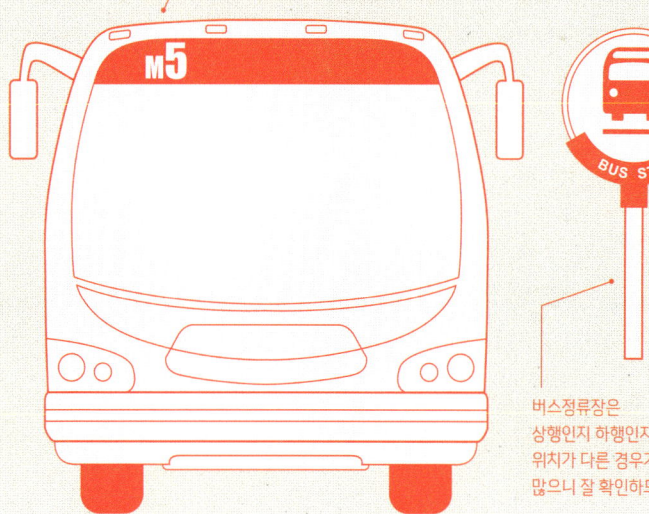

버스정류장은 상행인지 하행인지에 따라 위치가 다른 경우가 많으니 잘 확인하도록 하자.

버스에서 내릴 때는 정류장에 정차 후 기사가 문을 열어주면 승객이 직접 손으로 문을 밀어야 한다.

3

    버스 역시 뉴욕을 대표하는 교통수단이다. 그러나 뉴욕은 교통 체증이 심한 도시 중 한 곳이므로, 버스에 탄 채 도로에 오래 서 있어야 하는 일이 종종 있다. 시간이 아까운 여행객이라면 버스보다는 지하철을 추천한다. 반대로 하루쯤 느긋하게 뉴욕이라는 도시 곳곳의 풍경을 보며, 뉴요커들의 일상을 함께하고 싶다면 버스도 좋은 방법이 될 것이다.

    뉴욕 버스 역시 지하철과 동일하게 메트로 티켓으로 무제한 이용이 가능하다. 현금으로 요금을 낼 때는 2.75$이며. 버스에서 내려 지하철을 타야 한다면 기사에게 트랜스퍼(Trasfer)를 달라고 해야 한다. 버스->지하철 또는 지하철->버스로의 환승은 2시간 이내, 1회에 한해 무료로 가능하다. 또한 뉴욕에서 운행하는 버스는 번호 앞에 지역을 의미하는 알파벳이 붙는다. 맨해튼 지역을 운행하는 버스는 M, 브롱크스 지역은 B, 퀸즈 지역은 Q 등이다.

    뉴욕 버스 이용 시에도 3가지 주의할 점이 있다. 첫 번째는 버스정류장을 잘 찾아야 한다는 것! 지하철이 상행, 하행인지에 따라 입구가 다르듯 버스정류장도 상행, 하행에 따라 위치가 다르다. 우리나라처럼 마주 보고 있기보다 아예 다른 길에 있는 경우가 많으니 유의하자. 두 번째 주의점은 트랜스퍼이다. 달리던 버스에서 기사가 갑자기 승객들에게 내리라고 하는 경우가 종종 있다. 이때는 너무 당황하지 말고, 기사에게 트랜스퍼 티켓을 받아 같은 번호의 버스로 갈아타면 된다. 마지막은 내릴 때 문을 손으로 밀어야 한다는 점이다. 벨을 누르고, 정류장에 버스가 서면 기사가 문을 열어 준다. 그러나 우리나라처럼 자동 개폐 시스템이 아니기 때문에 손으로 문을 밀어야 열린다. 당황하지 말고 뉴요커처럼 자연스럽게 문을 밀고 내려보자. 종종 버스에 벨이 없는 경우가 있는데 역시 당황하지 말고 창가에 걸린 노란 전선 같은 줄을 아래로 당겨보자. 벨의 역할을 해줄 것이다.

Car Rental
뉴욕 렌터카 완전정복!

지하철, 버스 등의 대중교통 중심 여행과 달리 렌터카를 이용하는 여행도 매력적이다. 좀 더 자유롭고, 여행 동선의 제약이 적다. 또한 시간 활용, 특색 있는 여행을 계획한 경우에는 더욱 유용하다. 캠핑이나 주변 도시 여행을 계획하고 있는 경우에도 렌터카 이용이 도움이 된다.

Q1 렌터카 예약은 어떻게 해야 하나?

운전자 정보, 픽업 장소와 날짜, 시간, 차량 종류, 내비게이션 등의 추가 옵션 여부를 먼저 정하고 인터넷을 통해 예약을 진행하면 된다. 일반적으로 인터넷 예약을 할 경우 현지 예약보다 저렴한 가격에 렌터카를 이용할 수 있다. 렌터카 브랜드 허츠의 경우에도 온라인 예약 시 현지에서 바로 이용하는 것보다 가격이 저렴하며, 다양한 할인 프로모션, 제휴 호텔 및 항공사 마일리지 적립 등의 혜택을 제공한다. 또한 항공기 연착 등 예상 불가능한 문제를 걱정하는 여행객들을 위해 도착 항공편 정보를 입력하면 항공기 연착 시에도 예약을 보장해준다.

Q2 렌터카 여행 계획 시 어떤 준비를 해야 하나?

렌터카 예약을 완료했다고 끝이 아니다. 여행지에서 자동차를 이용하는 것이기 때문에 사전 준비를 철저하게 하면 할수록 안전한 여행을 할 수 있다. 국제운전면허증, 국내 운전면허증, 여권, 신용카드, 온라인 예약번호 또는 예약 확인서 등을 반드시 챙겨야 한다. 또한 예약을 하면서 예약번호, 예상요금, 반납 지역과 편도 반납 시의 추가 비용, 주의해야 하는 사항 등에 대해서도 꼼꼼하게 체크해야 한다. 마지막으로 자동차 보험을 챙기자. 해외에서 직접 운전을 하면 대중교통을 이용할 때보다 예상치 못한 문제가 발생할 확률이 높아진다. 그렇기에 여행을 하는 동안 문제를 최소화할 수 있는 방법은 사전에 체크하는 것뿐이라는 사실을 잊으면 안 된다.

Q3 렌터카를 더 똑똑하게 이용하는 방법이 있나?

렌터카 예약을 하기 전 업체별 회원 혜택, 특별 서비스 등을 찾아보길 권한다. 렌터카 브랜드 허츠의 경우 골드회원으로 가입하면 별도 서류 작성 없이 차량 픽업, 회원 전용 할인 프로모션, 포인트 적립 및 차량 무료 업그레이드 등의 혜택을 제공한다. 이렇게 업체별 혜택을 비교해 좀 더 완벽한 여행을 계획해보자.

Q4 렌터카 여행 시 주의사항은?

대부분의 주의사항은 국내 운전과 동일하다. 교통법규 준수, 안전벨트 착용, 운전 중 휴대전화 사용 금지, 아동과의 이동 시 필수적으로 뒷좌석 카시트 설치, 신호등이 없는 교차로에서는 우선 정차 후 출발 등을 꼭 지켜야 한다. 미국 지역에서의 특별 주의사항도 몇 가지 있다. 렌터카를 이용해 캐나다로 이동할 경우 여권, 차량 임차 계약서, 차량 등록증이 필요하다. 또한 도로를 달리다가 스쿨버스의 스톱 사인을 보면 같은 방향, 반대 방향의 모든 차량이 정지해야 한다. 경찰차가 사이렌을 울리며 뒤따라올 때도 특히 조심해야 한다. 일단 차를 세우고 경찰이 다가올 때까지 차에서 기다린다. 이후 차량 밖으로 내릴 때는 두 손을 머리 위로 올리는 것이 괜한 오해를 사지 않는 방법이다. 비록 잘못이 없더라도 혹시나 생길지 모를 문제는 미리 방지하는 것이 좋다는 사실을 꼭 기억하자.

Duty Free Shop
면세점 똑똑하게 이용하는 방법

정가의 30-50% 저렴한 가격으로 제품을 구입할 수 있는 면세점 쇼핑은 해외여행을 계획하면서 가질 수 있는 또 하나의 즐거움이다. 특히 공항에서뿐만 아니라 여행 계획이 완료되면 '시내면세점'과 '인터넷 면세점'도 이용할 수 있다. 면세점 쇼핑도 여러 선택지가 있으니 꼼꼼하게 알아보고 똑똑하게 이용하자.

항공권 예매가 확정되면 출국 60일 전부터 면세점을 이용할 수 있다.

쿠폰이나 멤버십 혜택 등이 면세점마다 다르니 이용하기 전 미리 확인해보면 좋다.

시내 또는 인터넷 면세점에서 구매한 제품은 출국 시 면세품 인도장에서 수령이 가능하다. 여권과 항공권, 제품 교환권 등을 제시해야 하니 잊지 말고 챙기도록 하자.

Q1 시내면세점, 인터넷 면세점, 공항 면세점, 기내 면세점 등 다양한 종류의 면세점, 어떻게 이용하면 될까?

여행 계획을 세운 후 출국까지 시간적인 여유가 있다면 시내면세점과 인터넷 면세점을 이용하는 것이 유리하다. 멤버십 할인, 쿠폰, 적립금 등 여러 혜택을 활용하면 조금 더 저렴한 가격에 제품을 구입할 수 있다. 단 비행기 시간, 여행 목적지에 따라 구매 제한이 있을 수 있으니 미리 체크해보자. 시내면세점의 경우 운영 시간을 확인하고 방문해야 한다. 시내에서 가장 늦은 시간에 면세점 쇼핑을 할 수 있는 곳은 밤 11시까지 운영하는 동대문 두타면세점이니 참고하자.

* 두타면세점 본점 : 서울특별시 중구 장충단로 275 두산타워 1F, 7F-13F
* 두타인터넷면세점 : www.dootadutyfree.com

5

Q2 면세점 쇼핑을 할 때 알아두어야 할 것은 무엇인가?

우선 여권과 항공권 또는 e 티켓은 필수이다. 항공권 예매가 확정되면 출국일로부터 60일 전부터 면세점을 이용할 수 있다. 내국인의 경우 면세품 구매 한도는 3,000$(국산품은 제외)이며, 입국 시 면세 한도는 내외국인 모두 국산품과 수입품을 포함해 600$이다. 따라서 입국 시 구매한 면세품의 가격이 600$가 넘을 경우, 자진 세관 신고를 하고 세금 납부를 해야 한다. 제품별로 적용 세율이 다를 수 있으니 구매할 때 미리 체크하자.

인터넷 면세점을 이용하는 경우에는 여권과 항공권 외에 본인 인증이 가능한 핸드폰 번호가 필요하다. 또한 인터넷 면세점에 없는 브랜드나 제품도 '스페셜 오더'로 문의하면 상품 유무 확인 후 주문 가능 여부를 알려준다. 사고 싶은 물건이 명확한 경우 온라인을 활용하면 좀 더 편리하게 원하는 쇼핑을 할 수 있다.

Q3 면세점을 똑똑하게 이용하는 방법은?

대부분의 면세점에서는 멤버십 제도와 다양한 할인 쿠폰 프로모션을 진행하고 있다. 회원 가입을 하면 회원 전용 기본 할인 혜택을 받을 수 있으며, 구매 금액과 가입 기간을 기준으로 쿠폰, 적립금 혜택이 다르게 제공된다. 특히 인터넷 면세점에서는 기본 멤버십과 별도로 구매 등급 제도가 있어 보다 더욱 실속 있는 면세 쇼핑을 즐길 수 있다. 두타면세점의 경우 회원 등급별로 최대 20%까지 기본 할인 혜택을 제공한다. 각 면세점 별로 운영하는 이벤트에도 주목하자. 해외여행 전 부지런한 면세점 쇼핑 정보 탐색은 필수!

Q4 구매한 제품은 어떻게 받으면 될까?

시내면세점, 인터넷 면세점을 이용해 구매한 제품은 출국 당일 공항 인도장에서 찾을 수 있다. 면세품 수령은 반드시 출국하면서 해야 한다는 점을 잊지 말자. 해외에서 한국으로 돌아올 때는 면세품 수령이 불가하다. 면세품 인도장에서는 본인이 구매한 제품만 수령이 가능하다. 제품 수령 시에는 여권과 항공권, 제품 구매 시 받았던 교환권을 제시해야 하며, 인도장에서 상품을 확인하고 문제가 있으면 바로 직원에게 문의해야 한다. 이후 환불이나 교환이 어려울 수 있으니 물건을 받으면서 바로 확인하는 것이 좋다.

TRAVEL PACKING LIST
여행 준비물 목록

ESSENTIAL
기본 물품

CLOTHES
의류

ACCESSORIES
액세서리

TOILETRIES & COSMETICS
세면도구 & 화장품

ELECTRONICS & GADGETS
전자제품 & 장비

OTHER
그 외

CHECK LIST

장소, 음식, 쇼핑 등 여행 중 경험하고 싶은 나만의 목록을 만들어 사용해보세요

	CHECK		CHECK

I don't have any reasons
어떤 이유도 없어요

I've left them all behind
모든 것을 뒤로하고 왔거든요

I'm in a New York state of mind
내 마음은 이미 뉴욕에 있어요

- 빌리 조엘, <New York State of Mind> 중

	MONTH	1	2	3	4	5	6	7	8	9	10	11	12
DATE													
PLACE													

	S	M	T

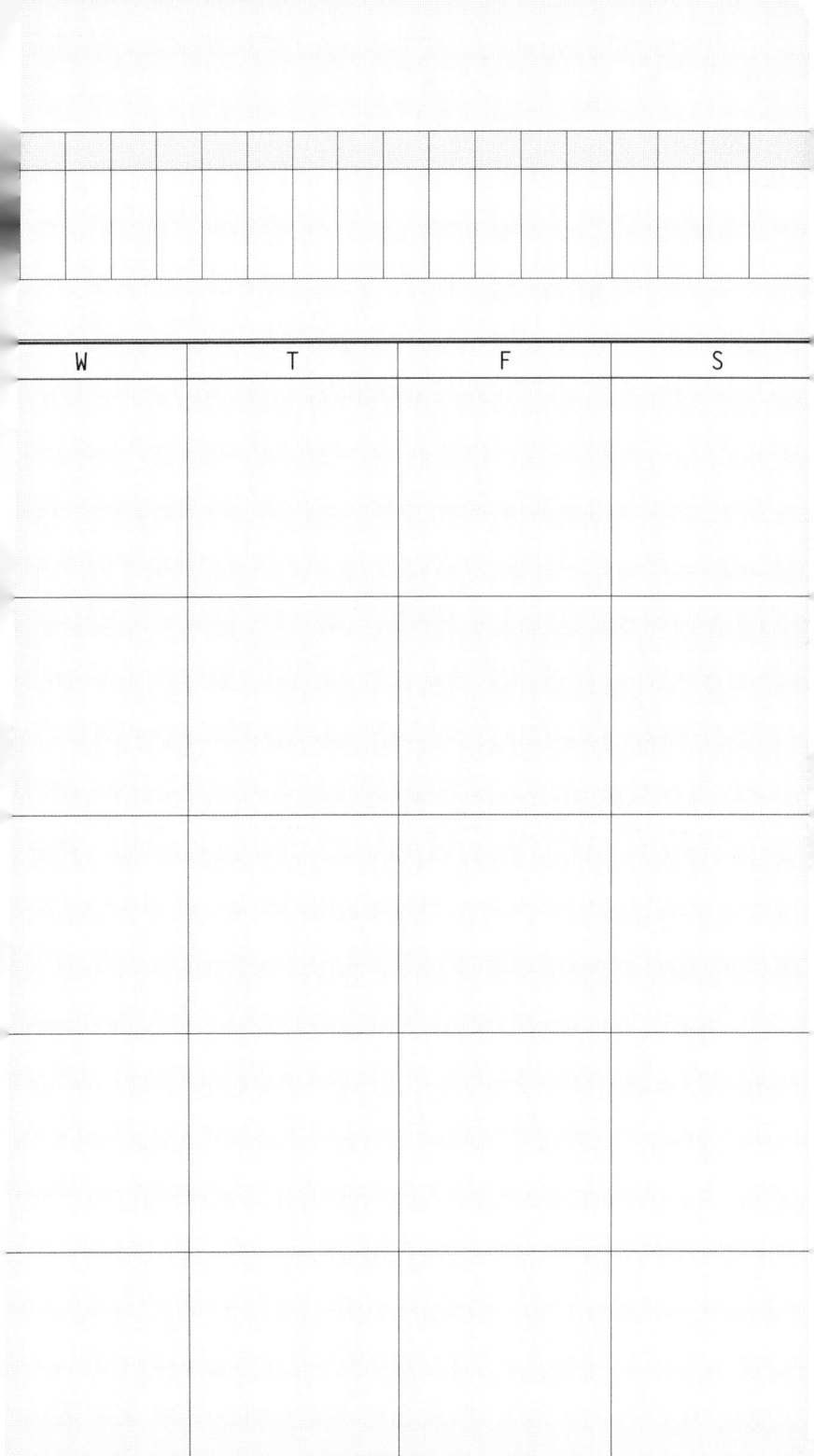

MONTH	1	2	3	4	5	6	7	8	9	10	11	12
DATE												
PLACE												

	S	M	T

W	T	F	S

> "내 문제는 말이지, 제일 하고 싶은 게 뭔지 나도 모른다는 거야.
> 그러니까 만날 제자리걸음이지.
> 멍하니 제자리걸음. 그게 사람 진을 쏙 빼거든."
>
> - 존 더스 패서스, <맨해튼 트랜스퍼> 중

PART
1

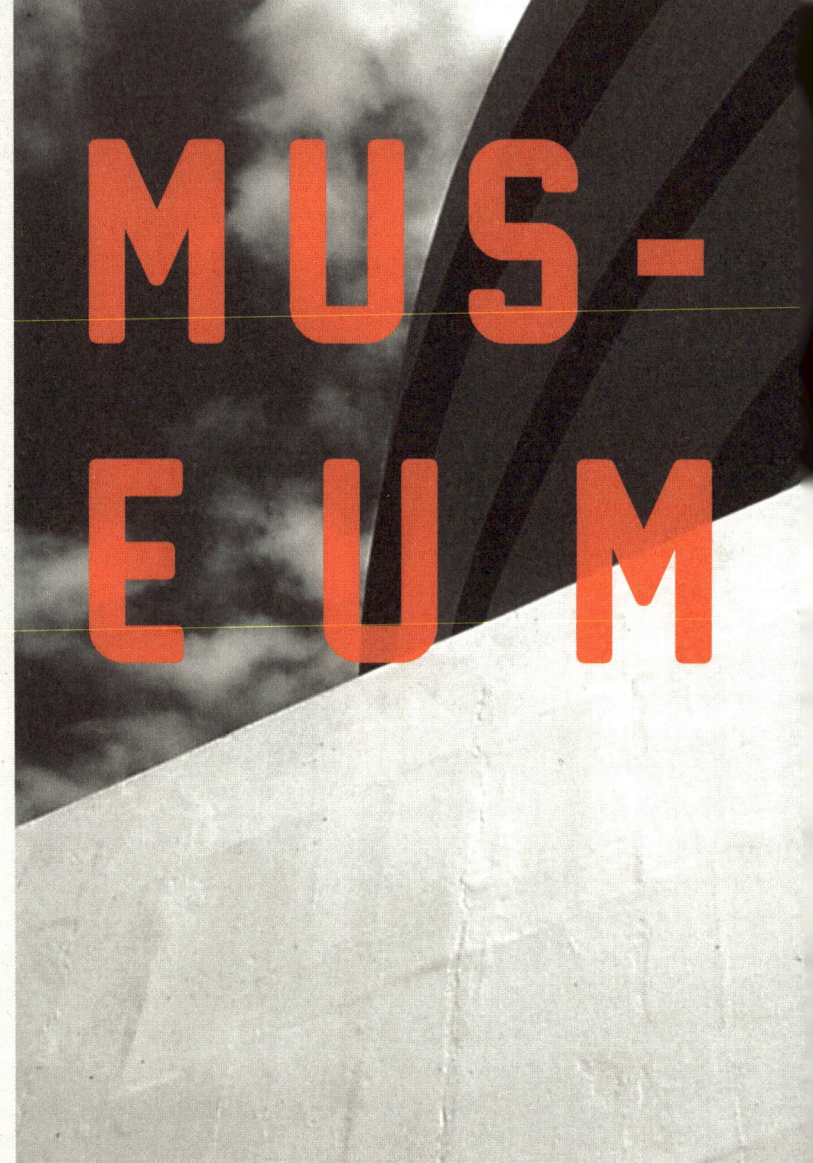

예술의
천국,
NEW YORK

IN NEW YORK

뉴욕의
미술관
&
박물관을
가다

PART 1 / ESSAY

MUSEUM

● 뉴욕에는 우리가 생각하는 것보다 훨씬 많은 미술관과 박물관이 있다. 미술관&박물관을 테마로 계획을 짜도 일주일은 충분히 여행할 수 있을 정도이다. 여행 오는 대부분의 관광객이 방문한다고 해도 무리가 없는 뉴욕 현대미술관과 메트로폴리탄 미술관을 시작으로 구겐하임 미술관, 휘트니 미술관, 신 현대미술관 등 끝이 없다. 또한 뉴욕 미술관들은 주제를 갖고 있는 경우가 많아 관심이 가는 시대 또는 화가, 분야에 맞는 미술관을 찾아가 보는 것도 즐거운 경험이 될 수 있다. 세계인들을 충격에 빠트리며 경각심을 일깨웠던 9.11 테러와 관련된 자료를 볼 수 있는 9.11 메모리얼, 뉴욕이라는 도시의 역사에 대해 전시 중인 뉴욕 시립미술관 등 역사적 의미를 가진 장소들 또한 방문해봐도 좋다.

이렇게 미술관&박물관 천국인 뉴욕을 제대로 즐길 수 있는 방법은 무엇일까. 여행객들에게 반가운 소식에 주목해보자. 우선 각 미술관&박물관별 무료입장 또는 기부금 입장이 가능한 시간을 확인하자. 뉴욕 현대미술관은 매주 금요일 오후 4시 이후부터 무료로 입장할 수 있다. 신 현대미술관, 브루클린 미술관, 유대인 박물관도 특정한 요일 또는 시간에 무료입장이 가능하니 미리 방문할 곳들의 정보를 체크해 보자. 미국 자연사 박물관의 경우 기부금(스스로 생각했을 때 적당한 금액)을 내면 입장이 가능하다. 프릭 컬렉션, 휘트니 미술관 등도 정해진 요일과 시간에 기부금 입장이 된다. 따라서 여행 계획을 세운 이후, 미술관&박물관 사이트 등을 방문해 어떤 할인 혜택이 있는지, 어떤 제도가 있는지 확인하는 것이 필수!

다른 방법은 시티 패스를 미리 구매해서 활용하는 것이다. 뉴욕 시티 패스를 구입하면 6가지 혜택이 있다. 엠파이어 스테이트 빌딩, 자연사 박물관, 메트로폴리탄 미술관 무료입장과 탑 오브 더 록 전망대(록펠러 센터) 또는 구겐하임 박물관 중 택, 자유의 여신상&엘리스 아일랜드 페리 또는 서클라인 유람선 중 택, 9.11 메모리얼 박물관 또는 항공 해양 우주 박물관 중 택해서 비용 없이 입장 또는 이용할 수 있다. 시티 패스의 가격은 17세 이상 성인은 116$, 6-17세 청소년은 92$이다. 시티 패스를 구입해 여행을 즐기는 이들을 위해 페리를 탈 때의 꿀팁도 한 가지 공유한다. 페리에서 자유의 여신상을 잘 찍고 싶다면 진행 방향 오른쪽에 자리를 잡을 것. 자유의 여신상에 가까워졌을 때 사람들에게 밀리지 않고 완벽하게 사진을 남길 수 있다.

미술관&박물관과 더불어 뉴욕 여행 중 방문해보면 좋은 곳들이 있다. 첫 번째 장소는 도서관이다. 뉴욕 도서관에서 가장 유명한 곳은 사진이나 영화에서 한 번쯤 봤던 로즈 메인 리딩 룸이다. 로즈 메인 리딩 룸은 여행객이 들어가서 기념사진 촬영을 할 수 있는 곳과 사진 촬영이 금지된 열람실로 나눠져 있다. 기념촬영을 한 후 조용한 시간을 갖고 싶다면 열람실 쪽으로 가 도서관의 매력을 느껴보는 것도 좋다. 지도를 볼 수 있는 지도 룸, 열람실과 전시가 열리는 공간 등도 있으니 구석구석 천천히 살펴보길 바란다. 또한 도서관 내부에 있는 기념품 숍을 둘러보는 것도 소소한 재미가 있다.

두 번째 장소는 UN 본부이다. 한국어 투어를 신청하면, 활동에 대한 설명과 함께 UN 내부를 둘러보는 것이 가능하다. TV를 통해 보던 세계적인 국제기구를 직접 본다는 즐거움을 얻을 수 있다. UN 본부에서 꼭 해봐야 할 것은 엽서 보내기이다. UN 내부는 미국이 아니기 때문에 우체국이 따로 있다. 바티칸이 로마에 있지만 이탈리아가 아닌 것처럼. UN은 미국의 땅이 아니라 전 세계의 땅이라는 개념을 가지고 있어 직인이나 시스템이 별도 운용된다. 따라서 UN 본부에서 우편을 보내면 어느 특정 나라가 아닌, 전 세계에서 보낸 우편이 되는 것이니 쉽게 경험할 수 없는 추억이 될 수 있다.

누군가가 남긴 작품을 직접 눈으로 보고, 마음으로 느낄 수 있는 기회는 그 도시로 여행을 떠났기에 얻을 수 있는 것이다. 특히 뉴욕이라는 도시는 전 세계 수많은 예술 작품이 전시 중이라고 해도 될 정도로 방대한 양의 작품을 보유하고 있다. 그렇기에 뉴욕 미술관&박물관 투어만 잘해도 전 세계 여행을 한 느낌을 얻기에 충분하다.

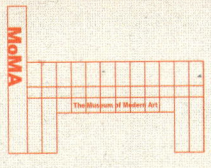

1 뉴욕 현대미술관(MOMA)

주소 11 West 53 Street, New York, NY 10019
전화 212-708-9400
이용시간 10:30-17:30
휴일 크리스마스, 추수감사절
요금 성인 25$ / 학생 14$ / 16세 미만 무료
홈페이지 www.moma.org

다양한 작가들의 작품을 전시하는 이곳의 가장 큰 강점은 단순한 미술관이 아니라는 것. 지하에서는 영화를 상영하고 야외에는 매 시즌 새로운 장식을 통해 옷을 갈아 입는 정원이 있다. 미술관 내 카페 'Cafe2' 역시 맛과 분위기를 모두 만족시켜주는 공간이다.

더불어 뉴욕 현대미술관을 찾았다면 절대 놓치면 안 되는 것이 바로 기프트 숍이다. 미술관 내 기프트 숍에는 지금껏 보지 못한 디자인 제품들이 많다. 우리나라에서 운영하던 모마 갤러리 온라인 숍이 종료되면서 국내에서 더 이상 구하기 어려운 제품들이 대부분이다. 오직 뉴욕 현대미술관 기프트 숍에서만 구할 수 있으니 그림이나 제품들을 눈여겨볼 것. 퀄리티가 좋아 선물용이나 나만을 위한 미니 갤러리를 만들기에 제격이다.

+ 보너스 팁
현대카드가 있으면 무료입장이 가능하다. 1인 2장의 입장권을 받을 수 있으니 1층에 있는 멤버십 데스크를 찾아가자.

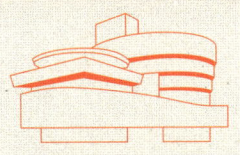

2 구겐하임 미술관(Guggenheim)

주소 1071 5th Ave, New York, NY 10128
전화 212-423-3500
이용시간 10:00-17:45, 토요일 10:00-19:45
휴일 목요일, 크리스마스
요금 성인 25$ / 학생 18$ / 12세 미만 무료
홈페이지 www.guggenheim.org

구겐하임 미술관은 1937년 비대상회화 미술관이라는 이름으로 문을 열었다. 설립 초기에는 미국 철강계의 거물이자 자선사업가인 솔로몬 구겐하임이 수집한 현대 미술품들을 전시했으며, 1959년 구겐하임 미술관으로 개칭한 후 비구성, 추상계 중심의 전시를 지속해 왔다. 더불어 피카소의 초기 작품, 클레, 샤갈 등의 작품과 180점의 칸딘스키 컬렉션을 소장하고 있다. 칸딘스키 컬렉션은 세계 최고이다.

구겐하임 미술관은 건물 자체로도 유명하다. 1943년 건축가 프랭크 로이드 라이트의 설계를 바탕으로 1959년 완공되었으며, 죽기 전에 꼭 봐야 할 건축물 중 하나로 선정되기도 했다. 큰 달팽이 모양의 외관, 계단이 없는 나선형 구조의 전시장 등 독특한 형태 때문에 완공되자마자 뉴욕의 새로운 명소로 떠올라, 지금까지도 그 명성을 이어가고 있다.

+ 보너스 팁
매주 토요일 오후 5시 45분부터 2시간 동안 기부금 입장이 가능하니 일정을 짤 때 고려하면 경비를 절약할 수 있다.

³ 메트로폴리탄 미술관(Metropolitan)

주소 1000 Fifth Ave, New York, NY 10028
전화 212-535-7710
이용시간 10:00-17:30 (금,토 10:00-21:00)
휴일 1월 1일, 5월 첫째 주 월요일,
　추수감사절, 크리스마스
요금 성인 25$ / 학생 12$ / 12세 미만 무료
홈페이지 www.metmuseum.org

330만 점이라는 엄청난 양의 예술품을 소장하고 있는 메트로폴리탄 미술관은 프랑스 파리의 루브르 박물관, 영국 런던의 대영 박물관과 함께 세계 3대 뮤지엄으로 꼽힌다. 특히 3,000점에 달하는 유럽 회화는 메트로폴리탄 미술관의 자랑이다. 전 세계의 그림, 조각 작품들을 한자리에서 볼 수 있는데 한국 작품들도 400여 점이 있다. 작품의 양이 워낙 방대해 모두 보겠다는 것은 무리이니, 선택과 집중이 필요하다. 메트로폴리탄 미술관은 입장할 때 티켓 대신 배지를 줬는데 시기별로 배지의 색이 달라 뉴욕 여행의 또 다른 기념품이 되곤 했다. 그러나 안타깝게도 최근 배지가 스티커로 바뀌었다. 메트로폴리탄 미술관은 기부금 입장이 가능하니 참고할 것!

> **+ 보너스 팁**
> 메트로폴리탄 미술관의 당일 입장권이 있으면 클로이스터스 무료입장도 가능하다. 중세 유럽풍 건물인 클로이스터스에는 유럽 작품들이 전시되어 있다. 크진 않지만 허드슨강 언덕에 있는 포트 트라이언 파크 안에 있어 한적한 뉴욕을 느끼고 싶을 때 좋다.

⁴ 쿠퍼 휴잇 국립 디자인 미술관(Cooper Hewitt)

주소 2 East 91st Street, New York, NY
　10128
전화 212-849-8400
이용시간 10:00-18:00, 토요일 10:00-21:00
요금 성인 18$ / 학생 9$ / 18세 이하 무료
홈페이지 www.cooperhewitt.org

쿠퍼 휴잇 국립 디자인 미술관은 아름다운 정원을 거닐면서 독특한 작품을 감상할 수 있는 곳이다. 스미스소니언 협회의 부설 미술관으로, 디자인의 역사는 물론 현대 디자인 작품들을 전시하는 디자인 전문 미술관이다. 1901년 설립된 앤드루 카네기의 저택을 개조해 미술관으로 사용하고 있으며, 25만 점 이상의 디자인 작품들을 소장하고 있다. 디자인 전문 도서관도 있으니, 작품 감상 후 도서관을 방문해 봐도 좋다.

입장권을 사면 나눠주는 검은 '펜'은 다양하게 활용할 수 있다. 펜을 터치 테이블에 대면 원하는 정보를 얻을 수 있고, 인상 깊었던 작품 설명 부분에 펜을 대고 누르면 해당 데이터가 저장된다. 저장된 데이터는 웹사이트를 통해서 확인할 수 있다. 주 중에는 오전 11시 30분에서 오후 1시 30분 사이, 주말에는 오후 1시에서 3시 사이에 투어가 진행되니, 이 시간에 맞춰 방문하면 디자인에 대해 몰랐던 내용들을 알 수 있는 기회가 될 것이다.

> **+ 보너스 팁**
> 인터넷을 통하면 2$ 할인된 가격으로 입장권 구매가 가능하다.

5 모건 라이브러리 미술관(The Morgan)

주소 225 Madison Ave, 36th Street, New York, NY 10016
전화 212-685-0008
이용시간 화-목요일 10:30-17:00, 금 10:30-21:00, 토 10:00-18:00, 일 11:00-18:00
휴일 월요일, 1월 1일, 추수감사절, 크리스마스
요금 ·성인 20$ / 학생 13$ / 12세 이하 무료
홈페이지 www.themorgan.org

모건 라이브러리 미술관은 세계적인 금융회사를 창립한 J.P. 모건의 개인 도서관이었다. 1924년, 모건의 아들인 모건 주니어는 고서적, 희귀본, 거장들의 하나뿐인 음악 악보 등 아버지의 수집품과 본인의 작품 컬렉션을 포함한 모건 라이브러리를 공공도서관으로 기증했다. 이후 1966년, 모건 라이브러리는 뉴욕시에 국가 유적지로 등록되었다.

모건 라이브러리는 2006년 퐁피두 센터를 건축한 세계적인 건축가 렌조 피아노에게 리노베이션을 의뢰했다. 그 결과 모건의 집과 1906년에 건립되었던 개인 도서관 외관은 그대로 유지하면서, 빛과 색이 만날 수 있는 새로운 형태로 내부가 완성됐다.

이곳을 찾으면 영화에서나 볼 수 있었던 옛 저택 도서관에 들어온 기분을 느끼며 아름다움에 놀라게 된다. 로빈슨 크루소 등 유명한 세계문학 몇 작품은 책장의 한 면을 채울 정도로 다양한 버전이 출간되었다는 사실에 새삼 신기함을 느낄 것이다. 금요일 오후 7시에서 9시 사이, 일요일 오후 4시에서 6시 사이는 무료입장이 가능하니, 이 시간을 잘 이용해보자.

> **+ 보너스 팁**
>
> 모건 라이브러리에는 20세기 초 미국 음식을 전문으로 하는 레스토랑 '모건 다이닝 룸'이 있다. 여행지에서의 특별한 식사를 계획 중이라면 실제 모건 가의 다이닝 룸 자리에 문을 연 레스토랑도 의미 있는 선택이 될 수 있다.

DATE _____

Today's Plan

Expenses Record		card ■ cash ☐
	☐	☐
	☐	☐
	☐	☐
	☐	☐
	☐	☐
	☐	☐
	☐	☐

DATE _____

Today's Plan

Expenses Record

card ■ cash □

DATE _____

Today's Plan

Expenses Record		card ■ cash ☐
	☐	☐
	☐	☐
	☐	☐
	☐	☐
	☐	☐
	☐	☐
	☐	☐

DATE _____

Today's Plan

Expenses Record		card ■ cash □
	□	□
	□	□
	□	□
	□	□
	□	□
	□	□
	□	□

DATE _____

Today's Plan

Expenses Record		card ■ cash ☐
	☐	☐
	☐	☐
	☐	☐
	☐	☐
	☐	☐
	☐	☐
	☐	☐

DATE _____

Today's Plan

Expenses Record

card ■ cash ☐

DATE

Today's Plan

Expenses Record

card ■ cash ☐

	☐		☐
	☐		☐
	☐		☐
	☐		☐
	☐		☐
	☐		☐
	☐		☐

"인생은 택시와도 같다.
당신이 어디로 가고 있던지,
아니면 그저 정차해 있던지
택시 미터기는 똑딱거린다."

- 루 에릭슨, <여자 야구 선수> 중

PART
2

어머, 이건
꼭 먹어야 해!

NEW YORK

PART 2 / ESSAY

뉴욕의
맛집
탐방

TASTY

● 여행의 꽃은 뭐니 뭐니 해도 먹거리가 아닐까? 여행을 다녀오고 시간이 지나면, 그곳에서 먹은 음식만 선명하게 기억에 남는 경험을 한 번씩 해봤을 것이다. 그 여행지에 또 가고 싶은 이유 역시 음식 때문이기도 하다. 그만큼 여행지의 맛있는 음식이 주는 기억은 강력하다.

그런 의미에서 뉴욕은 잊을 수 없는 여행지가 될 확률이 높다. 알아주는 미식의 도시이기 때문이다. 최근 우리나라에 들어와 떠들썩한 인기를 얻고 있는 뉴욕 발 맛집들만 봐도 알 수 있다. 뉴욕에서는 전 세계의 음식을 경험할 수 있으며, 어떤 레스토랑에 가도 만족스러운 식사를 할 수 있다. 그렇기에 꼭 먹어야 하는 음식 리스트 또는 가봐야 하는 레스토랑 리스트를 어느 정도 완성하고 여행을 시작하기를 권한다. 너무 많은 맛집이 있는 탓에 '지금 먹고 싶은 것' 중심의 맛집 탐방은 오히려 스트레스를 줄 수 있다. 하루에 우리가 먹을 수 있는 횟수는 한정적인데, 먹고 싶은 것이 너무 많을 테니 말이다.

또한 뉴요커가 된 것처럼 뉴욕의 분위기를 한껏 느낄 수 있는 식사를 계획해보는 것도 좋다. 미술관이나 박물관 내부에 있는 레스토랑에서 느긋한 식사를 즐겨보거나 푸드 트럭에서 맛과 가격이 모두 훌륭한 음식을 먹어보자. 간단한 도시락을 준비해 공원을 찾아 수많은 뉴요커들 사이에서 함께 점심을 먹어 보는 것도 추천! 홀 푸드 마켓에서는 원하는 음식을 담아 자신만의 도시락을 완성할 수 있도록 다양한 메뉴가 준비되어 있다. 이런 소소한 경험이 새로운 뉴욕의 맛을 느낄 수 있는 기회가 될 것이다.

단순히 맛있는 음식을 먹는 것에서 한발 더 나아가 명소를 보고, 그곳에서 음식을 즐기는 경험을 하고 싶다면 큰 마켓을 권한다. 허물어져 가는 공장을 개조해 문을 연 후 뉴요커의 사랑을 받는 명소로 자리 잡은 첼시 마켓이 대표적인 곳. 옛 공장의 흔적들과 새로운 조명, 식당과 식료품점의 인테리어, 세계 각지에서 찾아온 사람들이 한데 어우러져 첼시 마켓에서만 느낄 수 있는 정취를 경험할 수 있다. 또한 브라우니로 유명한 팻 위치 베이커리, 커피를 맛보면 절로 엄지손가락이 올라가는 나인 스트리트 에스프레소, 신선한 랍스터 요리를 맛볼 수 있는 랍스터 플레이스 등 종류별, 나라별 음식을 맛볼 수 있도록 많은 레스토랑들이 자리하고 있다. 첼시 마켓 외에도 푸드코트 창가에서 보는 선셋이 기가 막힌 브룩필드 플레이스도 한 번쯤 둘러볼 만하다. 또한 같은 쉐이크쉑버거도 메디슨 스퀘어 지점에서 먹는다면 야외 공원의 분위기까지 동시에 즐길 수 있어 더욱 만족스러운 경험이 될 것이다. 단 점심시간에는 줄이 굉장히 길기 때문에 아침 또는 저녁 전 오후 시간을 공략하는 것이 좋다.

최근에는 '뉴욕에서만 즐길 수 있는 음식'이라는 개념이 많이 사라졌는데, 그럼에도 뉴욕에는 우리의 눈과 입을 사로잡는 레스토랑들이 여전히 많다. 한국에서도 뉴욕 대표 맛집들의 음식을 즐길 수 있지만, 현지에서 먹는 맛과는 또 다를 수 있다. 어디에서 무엇을 먹어도 큰 실망감을 느끼지 않는 도시, 뉴욕. 지나치게 과식하지 않도록 주의하며 뉴욕의 맛을 마음껏 즐겨보자.

¹ 피터 루거 스테이크 하우스
(Peter Luger Steak House)

주소 178 Broadway Brooklyn, NY 11211
　　　(브루클린점)
전화 718-387-7400
이용시간 월요일-목요일 11:45-21:45,
　　　　금요일-토요일 11:45-22:45,
　　　　일요일 12:45-21:45 (전화예약 필수)
홈페이지 www.peterluger.com

뉴욕의 3대 스테이크 하우스 중 한 곳으로 브루클린에 본점이 있다. 인기가 좋아 예약이 필요하다. 사전 예약은 오직 전화로만 가능하며, 예약을 하지 못했다면 평일 점심을 공략해 보자. 1887년에 처음 문을 열었으니 125년의 전통을 가진 레스토랑으로, 가장 미국스럽다고 표현할 수 있는 요리들을 선보인다. 부드럽고 육즙이 풍부한 진짜 스테이크를 경험하고 싶다면, 단연 이곳을 추천한다. 식사 후에 나눠주는 동전 초콜릿도 기대 이상의 맛을 자랑한다.

² 할랄 가이즈 푸드
(The Hala Guys)

주소 53 Street, 6th Ave, New York,
　　　NY 10019
이용시간 10:00-04:00,
　　　　금요일-토요일 10:00-05:00

뉴욕 현대미술관을 찾았다면 길 건너편에 아주 긴 줄을 발견하게 될 것이다. 할랄 가이즈 푸드를 먹기 위해 서 있는 뉴요커들이다. 무슬림이 먹을 수 있는 할랄 음식을 파는 푸드 트럭이지만 매콤 담백한 맛은 누구라도 반하기에 충분하다. 한국 음식이 그리워질 때쯤 할랄 가이즈 푸드를 선택하는 것도 굿 초이스. 화이트 소스와 레드 소스는 한번 맛보면 쉽게 잊을 수 없는 맛이다. 밥과 토르티야를 모두 먹을 수 있는 메뉴를 선택하는 것이 좋다. 유명해지면서 국내에도 들어와 있지만, 뉴욕 여행을 하고 있다면 현지에서 한 번은 꼭 먹어봐야 한다.

³ 사라 베스
(Sarabeth's)

주소 40 Central park South(센트럴파크점)
전화 212-826-5959
이용시간 월요일-토요일 08:00-23:00,
　　　　 일요일 08:00-22:00
홈페이지 www.sarabethscps.com

⁴ 머레이즈 베이글
(Murray's Bagles)

주소 500 Avenue of the Americas,
　　　New York, NY 10011
전화 212-462-2830
이용시간 월요일-금요일 06:00-21:00
　　　　 토요일-일요일 06:00-20:00
홈페이지 www.murraysbagels.com

'섹스 앤 더 시티'에서 주인공들이 만나는 곳으로 유명세를 탄 곳. 부드러운 빵 위에 계란 반숙과 훈제연어가 올라간 연어 에그 베네딕트가 주력.메뉴지만 햄이 들어있는 클래식 에그 베네딕트도 맛있으니 둘 중 입맛에 맞는 것으로 고르면 된다. 고급 레스토랑 분위기인 사라 베스는 뉴요커들과 함께 브런치를 즐기는 기분을 만끽하기에 알맞은 곳이다. 양이 많지 않아 배가 부를 정도는 아니니 브런치나 조식으로 생각하는 것이 좋다. 여러 곳에 체인을 운영 중이라 일정에 맞춰 간단하게 음식을 즐길 수 있다. 다만 가격대가 좀 있으니 참고하자.

뉴욕 3대 베이글 중 하나. 연어와 크림치즈의 조화가 일품인 연어 베이글이 대표적인 메뉴이다. 전혀 어울릴 것 같지 않은 조합이지만 한입 베어 무는 순간, 입안에서 한데 어우러지는 맛의 향연에 놀라게 될 것이다. 과장을 조금 더하면 세상에서 경험할 수 있는 베이글이 모두 있다고 할 정도로 다양한 종류의 베이글이 있다. 아침식사 대용, 공원을 즐길 때의 간식 등으로 후회하지 않을 선택이 될 것이다.

5 매그놀리아 베이커리
(Magnolia Bakery)

주소 401 Bleecker Street and W. 11th Street, New York, NY
전화 212-462-2572
이용시간 일요일-목요일 9:30-23:00
　　　　금요일-토요일 9:30-00:00
홈페이지 www.magnoliabakery.com

섹스 앤 더 시티가 흥행시킨 장소 중 하나인 매그놀리아 베이커리. 섹스 앤 더 시티를 통해 아주 작은 동네 베이커리 브랜드가 우리나라에 지점을 낼 정도의 인기 레스토랑이 되었다. 뉴욕 곳곳에 자리하고 있는 매그놀리아 중 캐리와 미란다가 먹음직한 컵케이크를 한입 물던 곳은 블리커 스트리트 점. 컵케이크 중에는 레드 벨벳이 가장 인기가 좋다. 컵케이크보다 바나나 푸딩이 더 맛있다는 평도 많다. 컵케이크 하나 바나나 푸딩 하나면, 여행지에서의 당 충전은 완벽할 것이다.

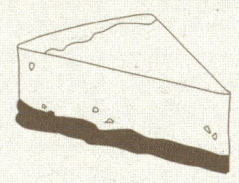

DATE _____

Today's Plan

Expenses Record

card ■ cash □

DATE _____

Today's Plan

Expenses Record		card ■ cash ☐
	☐	☐
	☐	☐
	☐	☐
	☐	☐
	☐	☐
	☐	☐
	☐	☐

DATE _____

Today's Plan

Expenses Record		card ■ cash □
	□	□
	□	□
	□	□
	□	□
	□	□
	□	□
	□	□

"사람들은 시간이 해결해 줄 것이라고 말하지만,
사실은 당신 스스로가 그것들을 바꿔야 한다."

- 앤디 워홀

DATE _____

Today's Plan

Expenses Record		card ■ cash ☐
	☐	☐
	☐	☐
	☐	☐
	☐	☐
	☐	☐
	☐	☐
	☐	☐
	☐	☐

DATE

Today's Plan

Expenses Record		card ■ cash ☐
	☐	☐
	☐	☐
	☐	☐
	☐	☐
	☐	☐
	☐	☐
	☐	☐

DATE _____

Today's Plan

Expenses Record		card ■ cash ☐
	☐	☐
	☐	☐
	☐	☐
	☐	☐
	☐	☐
	☐	☐
	☐	☐

"아무도 뉴욕을 그대로 그릴 수 없다. 더 정확히 말하면 뉴욕은 그 자체로 느끼는 것이다."
- 조지아 오키프

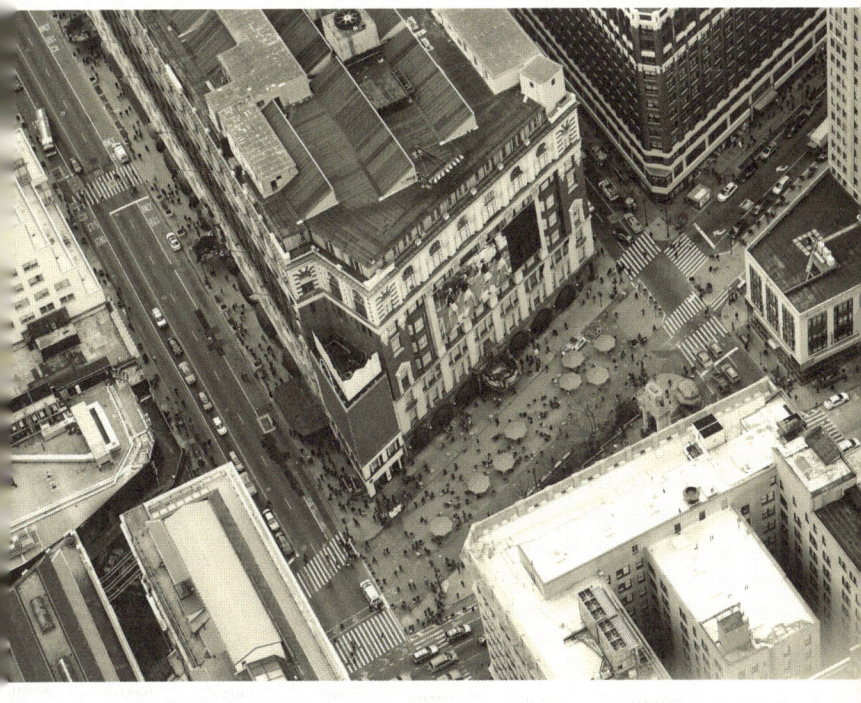

PART 3

뉴요커라면
공원이지!

뉴욕 공원 여행, 해봤니?

PARK

● 뉴욕을 대표하는 키워드 중 하나는 '공원'이다. 뉴요커들의 라이프에서 공원은 빼놓을 수 없는 포인트이기도 하다. 사랑하는 연인과 센트럴파크에서 보트를 타며 낭만적인 데이트를 즐기거나 하이라인파크의 의자에서 여유를 즐기는 것, 리버사이드파크에서 애견과 함께 산책하거나 배터리 파크에서 여름밤 무료 영화를 즐기는 것. 상상만으로도 즐거워지지 않는가?

뉴욕의 공원이 여름에만 의미가 있다고 생각하면 오산이다. 가을에는 댄스 축제가 열리고, 겨울에는 스케이트 장이 만들어지는 곳 역시 공원이다. 따라서 뉴욕으로 떠나기 전, 어느 공원에서 언제 어떤 행사가 열리는지 미리 체크해 일정을 짜면 다양한 경험들을 할 수 있다.

더불어 뉴욕 여행객들에게 공원은 혼자만의 시간을 온전하게 즐기거나 여유를 만끽할 수 있는 공간이기도 하다. 여행을 하다 보면 어느 순간 사람이 많은 곳에서 벗어나 쉬고 싶다는 생각이 들 때가 있다. 이때 공원을 찾는다면 완벽한 선택이었다고 생각하게 될 것이다. 자유로운 휴식을 즐긴 후 브라이언트 파크의 리딩 룸에서 또 다른 사색에 빠져보는 건 어떨까. 브라이언트 파크에는 한쪽에 파라솔과 책꽂이가 있어, 자유롭게 책을 읽을 수 있다. 특히 간단한 점심 도시락을 준비해 브라이언트 파크를 찾는다면, 일상 속 자유를 찾은 수많은 뉴요커들과 따로인 듯 함께인 점심 식사까지 즐길 수 있다.

공원에서 즐길 수 있는 것이 무한대인 뉴욕을 여행할 때 작은 담요는 필수품이다. 언제 어느 공원을 찾아도 담요 한 장만 있다면, 걱정 없다. 음악과 책이 함께하면 금상첨화! 뉴욕의 다양한 공원에서 들었던 음악은 오래도록 잊지 못할 것이다.

¹ 센트럴파크(Central Park)

주소 59-110th St. 5th-Central Park W. Ave
전화 212-310-6600
이용시간 연중무휴. 매일 01:00-06:00 출입 금지
홈페이지 www.centralparknyc.org

너무 커서 걸어 다니기 힘든 센트럴파크를 온전히 돌아보는 방법은 바로 자전거. 자전거를 대여해 센트럴파크를 느껴보자. 자전거를 빌릴 때의 꿀팁은 넉넉한 시간을 설정하는 것! 자전거를 대여하는 사람들은 많고, 어디서 빌려도 비용은 거의 비슷하다. 다만 처음에는 1시간에 15$, 2시간에 20$, 3시간에 25$ 등으로 책정되어 있지만, 1시간만 빌린 후 시간을 초과하면 엄청난 바가지요금을 내게 된다. 그러니 처음부터 시간을 넉넉하게 잡고 대여할 것! 특히 센트럴파크는 쉬지 않고 천천히 달려도 2시간은 걸릴 정도의 크기라는 점을 기억하자.

² **크리스토퍼 파크**(Christopher Park)

주소 38-64 Christopher St. New York, NY 10014

³ **브라이언트 파크**(Bryant Park)

주소 41 West 40th St. New York, NY 10018
전화 212-768-4242
이용시간 월요일-금요일 07:00-22:00, 토요일-일요일 07:00-00:00 (계절별로 다를 수 있음)
홈페이지 www.bryantpark.org

동성 연애자들이 자신들에 대한 핍박에 저항하고 자유를 느낄 수 있는 공간을 요구한 끝에 탄생한 공원.

1992년 조지 시걸에 의해 조각된 '게이 해방 운동' 조각상은 크리스토퍼 파크를 대표하는 상징물이다. 다른 공원들과 비교하면 굉장히 작은 규모이며, 볼거리도 적다. 다만 의미가 있는 공간이고 한적해 가볍게 걸으며 산책하기에 좋다.

브라이언트 파크를 설명할 때 작지만 알차다는 표현이 딱이다. 빌딩 숲 사이에 있어 뉴욕의 다른 공원들과 비교하면 작은 편이다. 그러나 계절별로 다양한 이벤트가 준비되어 있어 많은 뉴요커들의 사랑을 받는 곳이다. 댄스 페스티벌, 필름 페스티벌, 패션 위크, 아이스링크, 크리스마스 시장, 구연동화 대회까지 다양한 주제와 형태의 이벤트가 열린다. 도심 한가운데에서 만날 수 있어 더욱 반가운 브라이언트 파크, 여행 중에 도시락을 들고 점심시간에 맞춰 찾아가면 뉴요커들의 자연스러운 데일리 라이프를 함께 즐길 수 있다.

⁴ 하이라인파크(The High Line)

주소 820 Washington St, New York, NY 10014
전화 212-500-6035
이용시간 07:00~22:00(계절별로 다를 수 있음)
홈페이지 www.thehighline.org

2009년에 문을 연 공원으로, 계획을 완성하는 데에만 10년이 걸린 곳이다. 오래되어 사용하지 않는 기차역을 개조해 만들었으며, 기존에 있던 철로 사이사이에 피어나는 꽃과 갈대가 아름다운 풍경을 만든다. 하이라인파크를 지나 첼시 마켓까지 걸어갈 수 있고, 뉴욕의 명소인 엠파이어 스테이트 빌딩을 만날 수도 있다.

곳곳에 있는 나무 의자에 몸을 누이고 가볍게 책을 보거나 간단한 음식을 먹는 것도 좋다. 편안하고 여유로우면서 일상과 동떨어지지 않은 도심 속 공원을 대표하는 공간이다.

⁵ 배터리 파크(Battery Park)

주소 State St & Battery Pl, New York, NY 10079
전화 212-344-3491
이용시간 06:00~01:00

허드슨강과 뉴욕의 야경을 한눈에 보고 싶다면 배터리 파크를 선택해 보자. 날이 좋은 여름에는 야외 영화관을 개장해 공원 한복판에 거대한 스크린을 설치하고 무료 영화를 상영한다. 한 여름밤, 시원한 공원에서 즐길 수 있는 가장 낭만적인 경험을 할 수 있을 것이다. 또한 이곳에는 다양한 기념비들이 있는데, 그중에서도 한국전쟁 기념비가 눈에 띈다. 잠깐이지만 우리나라를 위해 희생한 분들을 생각하며 묵념의 시간을 가져보는 것도 의미가 있지 않을까.

DATE

Today's Plan

Expenses Record

card ■ cash ☐

DATE _____

Today's Plan

Expenses Record	card ■ cash □

DATE _____

Today's Plan

Expenses Record		card ■ cash ☐
	☐	☐
	☐	☐
	☐	☐
	☐	☐
	☐	☐
	☐	☐
	☐	☐

☼ ☁ ☁ ☂ ❄

DATE _____

Today's Plan

Expenses Record		card ■ cash ☐
	☐	☐
	☐	☐
	☐	☐
	☐	☐
	☐	☐
	☐	☐
	☐	☐

DATE

Today's Plan

Expenses Record		card ■ cash ☐
	☐	☐
	☐	☐
	☐	☐
	☐	☐
	☐	☐
	☐	☐
	☐	☐

DATE _____

Today's Plan

Expenses Record		card ■ cash ☐
	☐	☐
	☐	☐
	☐	☐
	☐	☐
	☐	☐
	☐	☐
	☐	☐

"내가 가진 돈을 모두 너한테 쓸 수도 있어.
하지만 너한테 필요한 삶을 내가 사줄 수는 없어."

아일랜드의 작은 시골 마을에서 태어난 '로즈'가
동생 '에일 리스'의 미래를 위해 미국으로 떠나보내며 하는 말
- 영화 <브루클린> 중

PART *4*

SHOP

뉴욕에서
쇼핑, 어디까지
해봤니?

쇼핑도 스마트하게!

SHOPPING

● 뉴욕은 쇼핑과 패션의 도시이기도 하다. 1년 내내 할인 행사가 진행되고, 블랙 프라이데이 기간에는 전 세계 쇼핑 피플의 관심이 집중된다. 수많은 유명 디자이너 브랜드들이 만들어진 도시이며, 헤아릴 수 없을 만큼 많은 수의 브랜드가 매일 신상품을 쏟아낸다고 해도 과언이 아닌 곳이다. 따라서 뉴욕에서 쇼핑을 하겠다고 생각했다면 최대한 많이 돌아다니는 것이 답이다. 발로 얼마나 뛰었는지에 따라 같은 물건도 더 저렴한 가격에 구매할 수 있고, 브랜드의 리미티드 제품을 '겟'할 수도 있다.

무조건 싸게 사고 싶다면 블랙 프라이데이 시즌에 맞춰 여행을 준비하자. 최고 90%까지 할인 판매를 진행한다. 7-8월과 12-2월에는 이월 상품을 저렴하게 판매하며, 독립기념일이나 크리스마스 시즌에도 많은 폭의 할인이 이뤄져, 저렴한 가격에 물건을 구매할 수 있다. 우리에게 잘 알려진 마놀로 블라닉, 마크 제이콥스, 구찌, 디오르 등의 브랜드에서는 신상품 출시 전 샘플을 저렴하게 판매하는 샘플 세일을 진행한다. 이 역시 90% 가까이 할인된 가격에 신상품을 구매할 수 있는 기회. 비록 엄청난 경쟁률을 뚫을 준비가 됐을 때의 이야기지만 말이다.

뉴욕 쇼핑의 중심지는 5번가이다. 세계적인 브랜드들은 물론이고 유명한 백화점들이 줄지어 있다. 한마디로 으리으리한 매장은 모두 5번가에 있다고 해도 좋을 정도. 하루를 꼬박 5번가에서 보내도 부족하다고 느낄 것이다. 쇼핑에 관심이 없어도 5번가는 한 번쯤 가볼 만한 곳이다. 세인트 패트락 성당을 비롯해 모든 건물들에서 뽐내는 조명들이 선명하게 보이는 5번가의 야경도 볼만하다.

또 다른 뉴욕 쇼핑의 메카는 소호. 브랜드 숍들과 갤러리가 가득한 이곳은 최신 트렌드를 한눈에 볼 수 있는 곳이다. 골목골목 숨겨진 숍들을 찾는 것도 새로운 재미. 쟁쟁한 브랜드 매장부터 빈티지 숍까지 다양하기 때문에 소호에서 시간을 보내는 동안 두 손은 무거워지고, 지갑은 얇아질 것이다. 또한 패션뿐 아니라 인테리어 소품 숍, 주얼리 숍, 그림이나 예술품을 파는 곳들도 많아 누구도 그냥 지나칠 수 없을 정도. 볼거리만큼이나 먹을거리도 다양하니 신나게 쇼핑을 한 후 허기진 배를 채우기에도 더없이 좋다.

두 곳 외에도 노리타와 노호, 이스트 빌리지의 거리를 걸으며 즐기는 쇼핑도 해볼 만하다. 단순히 쇼핑을 위해서라기보다 뉴욕에서 즐길 수 있는 거리의 분위기를 온전히 느낄 수 있다. 편안함과 독특함을 모두 가지고 있고, 관광지에서 조금 벗어나 있기 때문에 진짜 멋쟁이 뉴요커들을 볼 수 있다. 뉴욕 근처에 있는 대형 아웃렛도 쇼핑 일정에 추가해보자. 꼭 물건을 사지 않아도 시내에서 살짝 벗어날 수 있어 여행 중 또 다른 여행의 느낌을 경험하는 기회가 될 것이다.

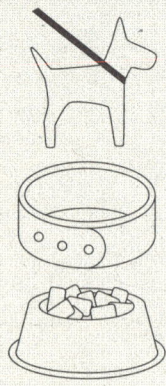

¹ 펫코(Petco)

주소 241 37th Street, Brooklyn,
        NY 11232(브루클린점)
        / 체인점이 여러 곳에 있음
전화 718-666-4019
홈페이지 www.petco.com

뉴욕은 어디를 가도 동물과 함께 다니는 사람들을 많이 만날 수 있다. 워낙 반려동물들이 많아 강아지를 위한 공원이 별도로 있을 정도이다. 그러니 뉴요커들에게 동물을 위한 쇼핑 공간은 매우 중요하다. 펫코는 그들에게 딱 맞춰진 곳이다. 동물을 키우고 있는 사람이라면 여행객이라도 절대 그냥 지나칠 수 없다. 이곳에는 각종 간식과 장난감부터 시즌에 맞춰 나오는 옷까지 반려동물을 위한 모든 것이 준비되어 있다. 더불어 반려동물의 출입이 가능하다는 것도 매력 포인트이다.

² 피시스 에디(Fishs Eddy)

주소 889 Broadway at 19th Street,
        New York, NY 10003
전화 212-420-9020
이용시간 월요일-목요일 09:00-21:00,
           금요일-토요일 09:00-22:00,
           일요일 10:00-20:00
홈페이지 www.fishseddy.com

유니언 스퀘어 파크와 메디슨 스퀘어 파크 중간에 있는 곳으로 위치는 애매하지만, 인테리어에 관심이 많다면 꼭 방문하길 추천한다. 미국 스타일의 그릇이나 키친 잡화, 미술품이나 기념품, 인테리어 소품까지 눈과 손을 유혹하는 많은 물건들이 있는 곳이다. 잘 알려지지 않았지만, 유일하게 Made In Usa 기념품을 살 수 있는 곳이기도 하다.

³ 마크 제이콥스 거리
(Marc Jacobs Street)

주소 400 Bleecker St.

뉴욕에는 굉장히 다양한 마크 제이콥스 숍들이 있다. 그리니치 빌리지 근처 웨스트 빌리지에는 마크 제이콥스 거리가 있을 정도. 리틀 마크 제이콥스부터 마크 바이 마크 제이콥스, 마크 제이콥스 맨, 마크 제이콥스 뷰티 등 다양한 숍들이 이 거리에 있다. 브랜드 특유의 유니크하고 재미있는 제품들이 많은데, 2010년에 문을 연 마크 제이콥스 북 스토어에서는 책, 볼펜, 노트 등을 판매한다. 문구 용품마저도 매력적인 디자인이 많아 그냥 지나칠 수 없을 것이다.

⁴ 크레이트 앤 베럴(Crate&Barrel)

주소 611 Broadway, New York, NY 10012(소호점)
      / 체인점이 여러 곳에 있음
전화 212-780-0004
이용시간 월요일-토요일 10:00-21:00,
         일요일 10:00-19:00
홈페이지 www.crateandbarrel.com

40년도 넘은 역사를 가지고 있는 브랜드로 그릇, 침구부터 가구까지 집 안에서 사용할 수 있는 모든 제품들이 준비되어 있다. 뉴욕의 가장 트랜디한 인테리어 제품들을 볼 수 있는 매장이다. 특별한 디자인의 생활용품을 보고 싶다면 이곳이 제격. 한국에서 온라인을 통한 구매도 가능하다.

⁵ 우드버리 커먼 프리미엄 아웃렛
(Woodbury Common Primium Outlets)

주소 498 Red Apple Court Central Valley, NY 10917
전화 845-928-4000
이용시간 09:00-21:00
홈페이지 www.woodburyoutlet.org

뉴욕 여행객에게 유명한 아웃렛. 대부분 아침 일찍 가라고 하지만 우드버리는 오후 9시까지 문을 열기 때문에 오히려 저녁때 가는 것을 추천한다. 미술관이나 박물관을 비롯한 대부분의 뉴욕 관광지는 오후 5-6시 사이에 문을 닫는다. 그렇기 때문에 오전부터 오후까지 뉴욕의 여러 곳들을 둘러본 후 오후 4-5시 사이에 우드버리에 가서 쇼핑을 하면 완벽한 하루 스케줄을 완성할 수 있다. 오전에 가서 오후에 돌아오는 경우, 러시아워로 인해 버스에서 3시간을 고스란히 버려야 할 수도 있다.

☀ ⛅ ☁ 🌧 ❄

DATE _____

Today's Plan

Expenses Record		card ■ cash ☐
	☐	☐
	☐	☐
	☐	☐
	☐	☐
	☐	☐
	☐	☐
	☐	☐

DATE

Today's Plan

Expenses Record	card ■ cash ☐
☐	☐
☐	☐
☐	☐
☐	☐
☐	☐
☐	☐
☐	☐

DATE _____

Today's Plan

| Expenses Record | | card ■ cash □ |

☀ ⛅ ☁ 🌧 ❄

DATE _____

Today's Plan

Expenses Record		card ■ cash ☐
	☐	☐
	☐	☐
	☐	☐
	☐	☐
	☐	☐
	☐	☐
	☐	☐

DATE _____

Today's Plan

Expenses Record		card ■ cash ☐
	☐	☐
	☐	☐
	☐	☐
	☐	☐
	☐	☐
	☐	☐
	☐	☐

DATE _____

Today's Plan

Expenses Record	card ■ cash ☐
☐	☐
☐	☐
☐	☐
☐	☐
☐	☐
☐	☐
☐	☐

그리니치 빌리지에서 태어나지 않은 것이 후회막심이다.
그것이 쇠퇴하고 있을지라도
당신이 숨 쉬는 공기에 먼지가 많을지도 모르지만,
무언가 일어나는 곳이다

- 존 레넌

뉴욕이라는 도시는 시와 같다. 모든 삶과 모든 인종, 모든 혈통을 작은 섬 안에 압축해서 음악을 추가하고, 내부 엔진으로 반주한다.

- E.B. 화이트

147

PART

5

BEAU-
TIFUL

뉴 욕 의
밤 은
낮보다 아름답다

진정한
뉴요커라면,
밤을 즐긴다

NIGHT

● 뉴욕은, 특히 맨해튼은 밤도 낮처럼 환하게 빛난다. 그래서인지 뉴욕의 밤이 주는 무드도 남다르다. 여행을 떠났다면 그 도시가 선사하는 밤의 무드까지 즐겨보는 것을 권한다. 밤은 낮보다 조금 더 흥겨운 뉴요커들을 만날 수 있고, 그들과 쉽게 친구가 될 수 있는 시간이기도 하다. 물론 안전에 대해서 주의하는 것은 잊지 말 것!

뉴욕이 떠들썩한 축제 분위기로 가득 차는 시기에는 밤이 더욱 매력적이다. 매년 7월 4일은 미국 역사에서 가장 중요한 독립기념일이다. 이때는 전통적으로 불꽃놀이가 열린다. 맨해튼의 서쪽과 동쪽에서 해마다 번갈아 가며 불꽃놀이를 하는데, 여행 일정에 독립기념일이 포함되어 있다면 반드시 뉴욕의 불꽃을 경험해보자. 여름밤 야외 공원에서 열리는 문화 행사도 다양하니, 여행지에서 자유로운 밤을 마음껏 즐기기에 더없이 좋다.

뉴욕의 가을도 여름에 결코 뒤지지 않는다. 독립기념일만큼이나 중요한 날이 추수감사절. 11월 넷째 주 목요일로 한 해의 수확을 축하하는 의미를 가지고 있다. 이 날은 메이시 백화점에서 진행하는 퍼레이드가 압권이다. 여러 캐릭터들과 기념사진도 찍고, 깜짝 손님으로 찾아온 유명 스타들도 만날 수 있다. 뉴욕의 가을을 대표하는 또 다른 축제는 핼러윈. 10월의 마지막 날 모두가 독특한 분장을 하고 뉴욕 거리로 나와 퍼레이드를 하며 하루를 마무리한다. 핼러윈 파티를 함께 하기 위해서 분장은 필수. 뉴요커들과 자연스럽게 웃고 이야기를 나누며 뉴욕이라는 도시에서만 느낄 수 있는 경험들을 공유하게 될 것이다.

겨울의 뉴욕에는 크리스마스가 기다리고 있다. 록펠러 센터 아이스링크에서 스케이트를 즐기고, 크리스마스 장식으로 치장한 뉴욕을 거닐어 보자. 세인트 패트릭 성당을 찾아 영화 속 크리스마스 미사를 직접 경험해보거나 한 번도 본 적 없는 디스플레이들을 자랑하는 백화점 투어도 뉴욕의 크리스마스를 느끼기에 제격이다. 한 해의 마지막 날은 센트럴파크의 불꽃놀이를 소중한 사람과 함께 보는 것도 좋다.

그렇다고 특별한 날에만 밤의 무드를 즐기는 것은 아니다. 브로드웨이를 찾아 저녁 공연을 보고, 뉴요커들이 사랑하는 바에 들러 맛있는 칵테일을 한잔하는 것만으로도 충분히 아름다운 밤을 만끽할 수 있다. 루스벨트 섬을 찾아 뉴욕의 야경을 눈에 담아보는 것도 추천한다.

뉴욕은 낮만큼이나 밤이 아름다운 도시이다. 환한 불빛과 자유로운 뉴요커들이 완성한 뉴욕의 밤은 충분히 매력적이다. 뉴욕이라는 도시는 언제나 설렘과 기대를 선물해준다. 여행 중에 즐기는 뉴욕의 밤이 그중에서도 최고의 선물이 되어 줄 것이다.

+ 보너스 팁

뮤지컬 공연을 보고 싶다면!

타임스퀘어 TKTS는 브로드웨이 뮤지컬 표를 저렴한 가격으로 구매할 수 있는 곳이다. 줄이 너무 길고 오래 기다려야 한다는 이야기가 있으나 30여 분 정도 기다리는 것은 뉴욕에서 그리 특별한 일이 아니다. 다만 가격은 천차만별이고 남은 자리 역시 복불복임을 고려해야 한다. 그날 남은 표를 판매하는 것이기에 매일 사정이 다르다. 또한 라이언킹 등 워낙 인기가 많은 뮤지컬 표는 거의 구할 수 없으니 꼭 보고 싶은 뮤지컬이 있다면 미리 예매하는 것이 좋다. 그렇기에 TKTS는 뮤지컬을 보겠다는 다짐을 하고 여행을 온 경우보다 브로드웨이에 왔으니 뮤지컬 한 편은 보고 싶은 사람들에게 맞다. 어떤 공연을 골라도 만족스러울 것이다.

¹ 엠파이어 스테이트 빌딩
(Empire State Building)

주소 338-350 5th Ave, New York, NY 10118
전화 212-736-3100
이용시간 08:00-02:00
홈페이지 www.esbnyc.com

엠파이어 스테이트 빌딩은 1931년 높이 381m, 102층으로 지어졌다. <시애틀의 잠 못 이루는 밤>, <킹콩> 등 유명한 영화에 등장하며 전 세계인의 사랑을 받는 건물이기도 하다.

이 빌딩은 낮과 밤에 각각 다른 매력을 뽐낸다. 오후쯤 전망대에 올라 일몰을 지켜본 후 야경까지 즐기고 내려와 마지막으로 건물의 조명을 눈에 담는 일정을 추천한다. 빌딩 30층에 다양한 조명이 켜지면서 로맨틱한 분위기를 연출하는데, 독립기념일 등 특별한 날이나 계절에 따라 조명이 변한다. 온라인을 통해 미리 티켓을 구매하면 시간을 절약할 수 있다.

² 루스벨트 섬 (Roosevelt Island)

주소 Tramway E. River 59th St. 2nd Ave,

루스벨트 섬은 맨해튼에서 조금 떨어진 어퍼 이스트 쪽에 자리하고 있다. 맨해튼에서 트렘웨이라는 케이블카를 타고 퀸스 브로 브리지 위를 지나 들어갈 수 있다. 1976년부터 운행을 시작한 케이블카는 메트로 카드가 있으면 무료이며, 두 번째는 요금을 징수한다. 요금은 지하철이나 버스 기본 요금과 같으며 시간은 5분 정도 소요된다. 트렘웨이 안에서 바라보는 맨해튼의 야경은 말이 필요 없다. UN 빌딩과 크라이슬러 빌딩이 한눈에 보이며 강이 있어 분위기를 더 살려준다. 맨해튼 방향으로 조성되어 있는 공원도 여유를 즐기기에는 제격이며, 섬 안을 도는 순환버스에 탑승해 한 바퀴 돌아보는 것도 좋다.

³ 230 피프스 루프탑 가든
(230 Fifth Rooftop Garden)

주소 230 Fifth Ave(Corner 27th), Manhattan, NY 10001
전화 212-725-4300
이용시간 월요일-금요일 16:00-04:00,
홈페이지 www.230-fifth.com

230 피프스는 뉴욕에서 가장 큰 야외 루프탑 가든인 동시에 펜트하우스 라운지이다. 맨해튼 미드타운과 유니언 스퀘어 사이에 있다. 엠파이어 스테이트 빌딩을 정면에서 마주 보고 있어, 야경을 보기에는 제격이다. 오전 4시까지 문이 열려 있으니, 뉴욕의 금요일 밤을 즐기기에도 좋다. 다만 입장은 오전 2시까지, 음식 주문은 밤 12시까지만 가능하니 참고하자. 워낙 유명한 곳이고, 찾는 이들이 많아 대기 시간이 길 수도 있다.

⁵ 맥솔리 올드 에일 하우스
(Mcsorley's Old Ale House)

주소 15 E 7th St. New York, NY 10003
전화 212-473-9148
이용시간 월요일-토요일 11:00-01:00,
　　　　　일요일 13:00-01:00

뉴욕에서 가장 오래된 펍 맥솔리 올드 에일 하우스, 링컨 대통령, 루스벨트 대통령, 케네디 대통령도 다녀갔다는 이곳은 1854년에 문을 열어 지금까지도 많은 뉴요커들의 사랑을 받고 있는 아이리시 펍이다. 오로지 맥주 종류는 다크 or 라이트뿐이지만 그 맛은 일품이다. 들어서는 순간 1800년대 뉴욕의 어느 펍으로 시간여행을 온 듯한 느낌이 들 정도로 162년이라는 시간을 견딘 빈티지 가구와 빛바랜 사진들이 인상적이다. 많은 사람들로 늘 붐비기 때문에 시끄럽지만, 큰 소리로 이야기를 하면서 뉴욕의 밤을 즐기기에는 더없이 좋은 곳이다.

⁴ 블루노트(Blue Note)

주소 131 West 3rd Street, New York, NY 10012
전화 212-475-8592
홈페이지 www.bluenote.net

뉴욕에서 오랜 시간 사랑받아온 재즈 클럽 블루노트는 미국 음반 회사의 레이블 이름이기도 하다. 음반 회사에서 1981년 그리니치 빌리지 근처에 처음 문을 열었고, 세계 여러 도시에도 체인점을 두고 있다. 최근에는 재즈를 비롯해 힙합, 블루스 등 여러 장르 아티스트들의 공연이 열린다. 평일에도 사람들이 워낙 많으니 미리 예약을 한 후 방문하기를 권한다. 2층에 있는 기념품 숍에서는 블루노트의 역사를 볼 수 있는 각종 기념품들을 판매 중인데, 이곳도 놓치면 아쉬운 부분이다.

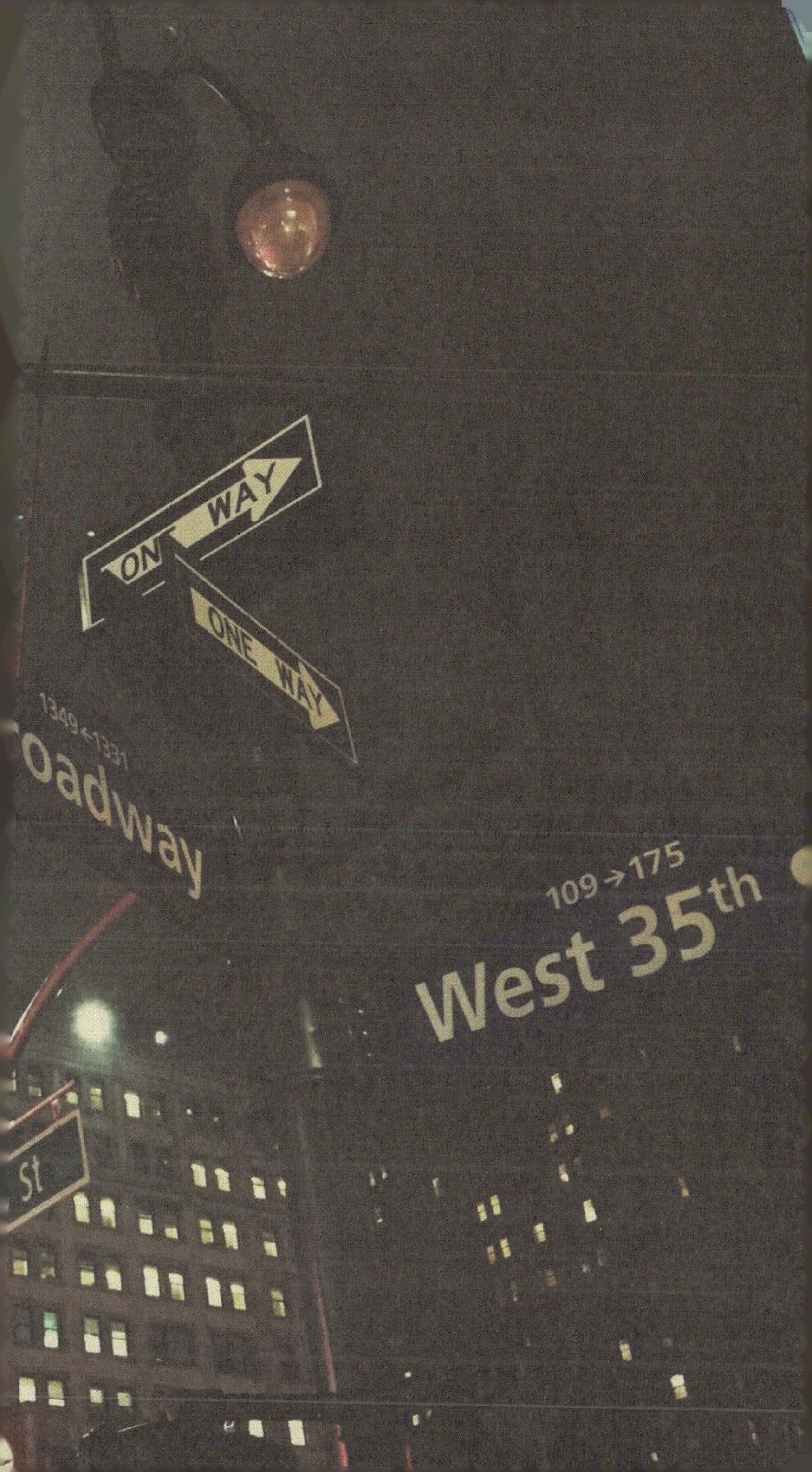
ONE WAY
ONE WAY
1349 ← 1331
oadway
109 → 175
West 35th
St

DATE _____

Today's Plan

Expenses Record		card ■ cash □
	□	□
	□	□
	□	□
	□	□
	□	□
	□	□
	□	□

DATE _____

Today's Plan

Expenses Record		card ■ cash ☐
	☐	☐
	☐	☐
	☐	☐
	☐	☐
	☐	☐
	☐	☐
	☐	☐

DATE _____

Today's Plan

Expenses Record		card ■ cash ☐
	☐	☐
	☐	☐
	☐	☐
	☐	☐
	☐	☐
	☐	☐
	☐	☐

DATE _____

Today's Plan

Expenses Record		card ■ cash ☐
	☐	☐
	☐	☐
	☐	☐
	☐	☐
	☐	☐
	☐	☐
	☐	☐

DATE _____

Today's Plan

Expenses Record		card ■ cash ☐
	☐	☐
	☐	☐
	☐	☐
	☐	☐
	☐	☐
	☐	☐
	☐	☐

DATE _____

Today's Plan

Expenses Record		card ■ cash ☐
	☐	☐
	☐	☐
	☐	☐
	☐	☐
	☐	☐
	☐	☐
	☐	☐

"뉴욕의 밤을 바라보면, 불빛과 스카이라인
그리고 거리엔 사람들이 무언가 도모할 일, 사랑,
세상에서 제일 맛있는 초콜릿 칩 쿠키를 찾아 돌아다니지요.
그러면 내 마음은 조금씩 춤을 춘답니다."

- 노라 에프런

"당신이 누구이든지 간에 당신 자신과 당신의 꿈을 믿는다면
뉴욕은 항상 당신을 위한 장소가 될 것이다."

- 마이클 블룸버그

PART **6**

MOVIE

영화 속
뉴욕 찾아가기

PLACE

낯설지 않은 뉴욕을 만끽하는 방법

MOVIE PLACE

● 뉴욕을 처음 가는 사람도 뉴욕에 첫발을 내딛는 순간 비슷한 감정을 느낀다. 바로 낯설지 않다는 것. 그 이유는 간단하다. 수많은 할리우드 영화의 배경이 되는 장소가 바로 뉴욕이기 때문이다. 덕분에 뉴욕과 처음 만나면 여행을 왔다는 생각보다 영화의 주인공이 된 기분을 느낄 것이다.

크리스마스면 어김없이 보게 되던 영화 <나 홀로 집에>에 등장하는 화려한 호텔, <비긴 어게인>에서 뉴욕의 일상 속으로 파고드는 그들의 음악, <버드맨>에서 반은 벗은 채 관광객 사이로 타임스퀘어 광장을 성급히 걸어가던 배우의 모습 등 뉴욕 곳곳에서 영화 속 장면들이 떠오른다. 그래서인지 뉴욕에서는 영화 촬영 중인 모습도 심심치 않게 볼 수 있다. 운이 좋다면 할리우드 배우와 같은 식당에서 식사를 하게 될지도 모른다. 그렇다면 '아, 이곳이 바로 뉴욕이구나' 하는 생각이 들 것이다.

영화에 나왔던 장소를 직접 찾아가면서 다시금 옛 추억에 잠기는 것 역시 뉴욕에서만 할 수 있는 특별한 경험이다. 어쩌면 우리는 어릴 때부터 영화 속 뉴욕을 보면서 뉴욕을 꿈꾸거나 그리워했는지도 모른다.

1 세렌디피티 3 (Serendipity 3)

주소 225 E 60th St, New York, NY 10022
전화 212-838-3531
이용시간 11:30-00:00
        (금요일에는 오전 1시에 끝난다)

뉴욕을 대표하는 맛집이라기에는 무리가 있지만, 영화 <세렌디피티>를 좋아하는 여행객이라면 한 번쯤 들러봐도 좋다. 주인공이 '프로즌 핫초코'를 마시면서 사랑에 빠졌던 장면의 배경이 바로 이곳 세렌디피티 3이다. 오프라 윈프리 역시 우울한 날이면 이곳에서 프로즌 핫초코를 마신다고. 단, 예약은 식사 예약만 가능하다. 프로즌 핫초코만 즐기려면 긴 줄을 기다릴 수 있는 여유가 필요하다. 다른 메뉴들은 비교적 평범하다.

2 카페 랄로 (Cafe Lalo)

주소 201 West 83rd St, New York, NY 10024
전화 212-496-6031
이용시간 월요일-목요일 09:00-01:00
        금요일-토요일 09:00-03:00
        일요일 09:00-01:00
홈페이지 www.cafelalo.com

사랑스럽고 귀엽던 그녀, 맥 라이언이 톰 행크스와 함께 주연을 맡았던 영화 <유브 갓 메일>에서 장미 한 송이를 두고 기다렸던 카페가 바로 이곳, 카페 랄로다. 여행객의 발길이 끊이지 않는 곳이지만 현지인들에게도 사랑받는 곳이다. 음료뿐 아니라 디저트나 샌드위치, 브런치 등도 판매한다. 비교적 늦게까지 영업하는 곳이라 하루의 마지막 일정으로 방문해도 괜찮다.

3 티파니 (Tiffany&Co.)

주소 727 5th Ave, New York, NY 10022
전화 212-755-8000
이용시간 월요일-금요일 10:00-19:00
        토요일 10:00-19:00
        일요일 12:00-18:00 (목요일 휴무)

화려하게 차려입은 오드리 헵번이 창가 너머로 아름다운 보석을 바라보면서 크루아상을 먹는 장면으로 유명한 <티파니에서 아침을>. 영화 제목에도 등장하는 티파니 매장을 그냥 지나치기에는 아쉽다. 물론 그때의 모습이 그대로 남아있는 것은 아니지만, 뉴욕 거리에서 오드리 헵번이 된 느낌을 느껴보기에는 충분하다. 티파니 브랜드 제품 역시 우리나라보다 조금 저렴하게 판매되고 있으니 참고하자.

4 스미스 앤 월렌스키 (Smith&Wollensky)

주소 49th Street & 3rd Avenue, New York, NY 10022
전화 212-753-1530
이용시간 11:30-02:00
홈페이지 www.smithandwollenskynyc.com

할리우드가 사랑하는 이야기, 미운 오리 새끼의 패션지 버전 영화 <악마는 프라다를 입는다>. 화려한 뉴욕을 배경으로 촬영된 영화이기에 뉴욕 곳곳의 모습이 담겨있다. 그중에서도 미란다의 쌍둥이에게 줄 해리포터 책을 구한 후, 점심으로 먹을 스테이크를 준비하기 위해 갔던 스미스 앤 월렌스키가 기억에 남는다. 까다로운 미란다가 아이들에게 먹이는 음식이라고 생각하면 한 번쯤 맛보고 싶어진다. BLT, 울프강과 함께 뉴욕 스테이크 맛집으로도 유명한 곳이니 후회하지 않을 것이다. 관광객보단 뉴요커가 더 많은 곳이니 뉴요커 스타일을 경험하고 싶을 때도 제격이다.

5 조스 피자 (Joe's Pizza)

주소 7 Carmine St, New York, NY 10014
전화 212-366-1182
이용시간 목요일-일요일 10:00-04:00
　　　　금요일-토요일 10:00-05:00

스파이더 맨이 배달하는 피자를 먹어보고 싶다면? 조스 피자에 방문하면 된다. 영화 <스파이더 맨>은 물론 드라마 <섹스 앤 더 시티>에도 소개되며 유명세를 탄 곳이다. 그러나 막상 방문하면 단순히 영화나 드라마에 나와서 인기를 끌었다는 생각이 들지 않는다. 그만큼 피자 맛도 좋다. 플레인 피자 한 조각이 접시에 담기 어려울 정도로 커 한 조각만으로도 충분히 한끼 식사가 가능하다. 가격도 저렴하고 늦게까지 영업하니 숙소에 들어가는 길 또는 뉴욕 공원에 갈 때 한 조각 포장해 가기에 안성맞춤이다.

호텔 용어

정보제공: 호텔패스(www.hotelpass.com)

레이트 체크아웃 Late Check-out	일반적으로 호텔에서 규정하는 체크아웃 시간보다 늦게 체크아웃하는 것을 의미한다.
어메니티 Amenity	호텔에서 투숙객의 편의를 위해 객실에 무료로 준비해 놓은 각종 소모품 또는 서비스 용품. 일반적으로 욕실용품과 물 등이다.
엑스트라 차지 Extra Charge	추가 비용을 의미. 인원 추가, 조식 추가, 베드 추가 등의 상황에서 사용된다.
올 인클루시브 All Inclusive	호텔 숙박비 내에 미니 바를 포함한 모든 음식, 선택관광 서비스 요금이 포함되어 있는 형태를 말한다.
얼리 체크인 Early Check-in	기존의 호텔 체크인 시간보다 이른 시간에 체크인하는 것을 의미한다. 추가 비용이 발생하는 경우도 있다.
컨시어지 Concierge	비서처럼 개인적이고 개별적인 고객 서비스를 총괄 담당하는 관리인. 호텔 이용, 주변 교통 편이나 관광에 대한 설명과 레스토랑 추천 등 고객의 편의를 도와준다.

여행자를 위한 영어회화 _ 호텔편

예약하셨나요? Did you make a reservation?	지금 체크인할 수 있나요? Can I check in now?
체크인 시간은 몇시죠? What time is check-in?	체크인하고 싶습니다. I'd like to check in.
일찍 체크인 할 수 있나요? Can I check in early?	체크인은 어디서 합니까? Where do I check in?
어느 분 앞으로 예약되어 있습니까? Whose name is the reservation under?	제 이름으로 예약했습니다. It's in my name.
해변 쪽 방으로 주세요. I'd like a room with a seaside view, please.	짐을 방까지 가져다 주시겠어요? Could you bring my luggage up to the room?
제 짐을 올려주실 수 있으세요? Can you move up my baggage?	수건을 더 주시겠어요? Could I have more towels?
저녁까지 제 짐을 보관해 주실 수 있어요? Could you keep my luggage until this evening?	공항 가는 버스는 어디서 타요? Where do I board the bus going to the airport?

뉴욕의 축제

매년, 매월 열리는 자세한 축제 정보를 알고 싶다면 뉴욕 관광청 사이트에서 정보를 확인한 후 여행 일정에 맞는 축제를 즐겨보자. 뉴욕은 365일 특별한 축제들이 열리는 도시이니, 그 분위기를 마음껏 느껴보는 것도 뉴욕 여행의 잊을 수 없는 경험이 될 것이다.

www.events12.com/newyork

기본 축제

Chinese Lunar New Year - Chinatown -	St. Patrick's day - 5th Ave -	Easter day(부활절) - 5th Ave -
음력 1월 1일	3월 17일	3월 중순~4월 중순 사이 하루 (매년 날짜가 달라짐)
중국인들의 전통 새해 퍼레이드	성 파트리치오를 기념하는 날 (성 파트리치오의 나라, 아일랜드의 전통 색상인 녹색 옷을 입고 퍼레이드에 참가)	부활절을 맞이한 퍼레이드

NYC Gay Pride Parade - 5th Ave -	Museum mile festival - Museum mile -	Independence day - Hudson River -
6월 중 하루 (매년 날짜가 달라짐)	6월 둘째 주 화요일 (매년 날짜가 달라짐)	7월 4일
게이들의 자유와 권리를 마음껏 표출하는 퍼레이드 행사	뮤지엄 마일에 있는 9개 박물관이 무료로 개방되며 도로에 차 진입이 금지되는 날	미국의 독립기념일을 축하하는 불꽃놀이 축제

Columbus day - 5th Ave -	Halloween - 6th Ave -	Thanksgiving day - 7th Ave -
10월 두 번째 월요일 (매년 날짜가 달라짐)	10월 31일	11월 넷째 주 목요일
콜럼버스가 신대륙을 발견한 날을 기념하는 퍼레이드	악령을 쫓는 의미를 가진 축제일로 거리에서 다양한 복장을 한 시민들의 퍼레이드 행사	한국의 추석과 같은 날로, 한 해의 첫 수확을 하늘에 바친다는 의미를 가진 날. 메이시 백화점이 주최하는 퍼레이드가 열리는데, 뉴욕 퍼레이드 중 최고

Christmas	Happy New Year - Times Square, Central Park -	Restaurant week
12월 25일	12월 31일	1월과 7월에 2주간 2번 (매년 날짜가 달라짐)
성탄절로 온 뉴욕이 축제 분위기. 백화점들의 디스플레이가 특별한 볼거리를 제공	새해를 함께 맞이하는 카운트다운 축제	약 250곳의 유명 레스토랑에서 이 기간 동안 점심 25$, 저녁 35$에 코스 요리를 선보임

미국의 사이즈 표

옷
단위_inch

SIZE	XS 0	XS 2	S 4	S 6	M 8	M 10	L 12	L 14	XL 16	XL 18	XXL 20
BUST	31.5	32.5	33.5	34.5	35.5	36.5	38	39.5	41	43	45
WAIST	23.5	24.5	25.5	26.5	27.5	28.5	30	31.5	33	35	37
HIP	34	35	36	37	38	39	40.5	42	43.5	45.5	47.5

*청바지를 구매할 때는 허리 사이즈가 같더라도 바지 길이가 다양한 경우가 있으니 확인하고 구입하는 것이 좋다.

언더웨어(브라)

밑가슴둘레	가슴둘레	한국	미국	기준
65	70~73	65A	30AA	
	74~76	65B	30A	
	77~79	65C	30B	63~68cm
	79~81	65D	30C	
	81~83	65DD	30D	
70	79~81	70A	32AA	
	82~84	70B	32A	
	84~86	70C	32B	68~73cm
	86~88	70D	32C	
	89~91	70DD	32D	
75	83~86	75A	32AA	
	87~89	75B	34A	
	89~91	75C	34B	73~78cm
	91~93	75D	34C	
	93~95	75DD	34D	
80	89~91	80A	36AA	
	91~94	80B	36A	
	94~96	80C	36B	78~83cm
	96~98	80D	36C	
	98~100	80DD	36D	
85	94~96	85A	38AA	
	97~99	85B	38A	
	99~101	85C	38B	83~88cm
	101~103	85D	38C	
	103~105	85DD	38D	
90	99~101	90A	40AA	
	102~104	90B	40A	
	104~106	90C	40B	88~93cm
	106~108	90D	40C	
	108~110	90DD	40D	
95				93~98cm
100				98~103cm

여자 신발

한국 (mm)	미국 (USA)	영국 (UK)	유럽 (EURO)
220	5	2.5	35.5
225	5.5	3	36
230	6	3.5	36
235	6.5	4	37
240	7	4.5	37.5
245	7.5	5	38
250	8	5.5	38.5
255	8.5	6	39
260	9	6.5	40
270	10	7.5	41

남자 신발

한국 (mm)	미국 (USA)	영국 (UK)	유럽 (EURO)
240	6	5.5	38.5
245	6.5	6	39
250	7	6.5	40
255	7.5	7	40.5
260	8	7.5	41
265	8.5	8	42
270	9	8.5	42.5
275	9.5	9	43
280	10	9.5	44.5
285	10.5	10	45
290	11	10.5	45.5
295	11.5	11	46
300	12	11.5	46.5

*운동화는 발볼의 너비까지 세세하게 나누어져 있으니 되도록 직접 신어보고 구매하도록 하자.

CONTACT LIST
주요 연락처

- 미국 내 한국대사관 -

2450 Massachussets Av,
N. W. Washington, D.C 20008
☎ 1-202-939-5600
📠 1-202-797-0595

- 뉴욕 총영사관 -

460 Park Ave, at 57th St.
☎ 1-646-674-6000
1-212-692-9120

PERSONAL CONTACT LIST
개인 비상 연락망

Coupon
두근두근 여행 다이어리 북 시리즈에서 준비한 특별 여행선물

YOLO PROJECT
두근두근 여행 다이어리 북
✕

DUTY FREE

1. 두타인터넷면세점 **30,000원** 적립금
- 적립금 코드 7SOI1VRVWK
- 유효 기간 다운로드 일로부터 3개월까지

<사용방법>
① 두타인터넷면세점 로그인(www.dootadutyfree.com) * 비회원의 경우 신규가입 필요
② 마이페이지 > 적립금 클릭   ③ "적립금 등록하기"란에 "적립금 코드 10자리" 입력

2. 두타면세점 **10,000원** 할인권 ($50 이상 결제 시 즉시 할인)
- 사용처 동대문 본점
- 인당 1회 사용 가능

5116000000003645

3. 두타면세점 **30,000원** 할인권 ($100 이상 결제 시 즉시 할인)
- 사용처 동대문 본점
- 인당 1회 사용 가능

5116000000003646

4. 두타몰 F&B **3,000원** 바우처 교환권
- 교환 장소 두타몰 4F 멤버십 데스크
- 1인 1회 교환 가능
- 바우처 교환 후 두타몰 F&B(시음) 매장에서 사용하실 수 있습니다.
- 두타몰 4F 멤버십 데스크 교환 시간 AM10:30~PM9:00(월~일)

5. 두타몰 멤버십 가입 시 최대 **5,000 포인트**
- 대상 두타몰 멤버십 신규가입 고객
- 혜택 신규 가입 즉시 최대 5,000포인트 지급

YOLO PROJECT
두근두근 여행 다이어리 북
✕
1등 글로벌 호텔예약

HOTELPASS.com

해외 호텔 **7%** 할인 or 일본 1박 **700¥** 할인
- 쿠폰 번호 YPPASS77   • 쿠폰 등록 기간 2020년 12월 31일까지
- 쿠폰 사용 기간 홈페이지 등록 후 발급일로부터 1년

<사용방법>
① 호텔패스 로그인 > 마이 페이지 > 쿠폰 조회 > 쿠폰 등록 > 쿠폰 발급 완료

<사용 안내>
- 본 적립금은 기간 내 ID 당 1회 발급 가능합니다.
- 본 적립금은 결제금액의 최대 30%까지 사용 가능합니다.
- 본 적립금은 당사 사정에 따라 변경, 조기 종료될 수 있습니다.
- 브랜드별 적립금 사용률은 상이할 수 있으며,
  일부 브랜드의 경우 적립금 사용이 제한될 수 있습니다.

<사용 안내>
- 본 할인권은 동대문 본점에서 1인 1회 사용 가능합니다.
- 본 할인권은 일부 브랜드 및 30% 이상 할인 제품은 제외될 수 있습니다.
- 본 할인권은 내국인(한국인) 전용으로 타 할인 쿠폰과 중복 할인되지 않습니다.
- 본 할인권의 사용 잔액은 환불되지 않으며 반품 시 재발급되지 않습니다.
- 본 할인권은 당사 사정에 따라 사용이 제한, 변경될 수 있습니다.
- 본 할인권은 당사 사정에 따라 변경, 조기 종료될 수 있습니다.

주소 서울특별시 중구 장충단로 275 두산타워 7F~13F
영업시간 AM10:30~PM11:00(연중 무휴) **대표 번호** 1833-8800
홈페이지 www.dootadutyfree.com

<사용 안내>
- 본 할인권은 동대문 본점에서 1인 1회 사용 가능합니다.
- 본 할인권은 일부 브랜드 및 30% 이상 할인 제품은 제외될 수 있습니다.
- 본 할인권은 내국인(한국인) 전용으로 타 할인 쿠폰과 중복 할인되지 않습니다.
- 본 할인권의 사용 잔액은 환불되지 않으며 반품 시 재발급되지 않습니다.
- 본 할인권은 당사 사정에 따라 사용이 제한, 변경될 수 있습니다.
- 본 할인권은 당사 사정에 따라 변경, 조기 종료될 수 있습니다.

주소 서울특별시 중구 장충단로 275 두산타워 7F~13F
영업시간 AM10:30~PM11:00(연중 무휴) **대표 번호** 1833-8800
홈페이지 www.dootadutyfree.com

<사용 안내>
- 교환하신 바우처는 일부 식음 매장에서는 사용이 제한될 수 있습니다.
- 멤버십 회원을 대상으로 제공합니다(비회원의 경우, 신규 가입 필요).
- 본 교환권은 당사 사정에 따라 변경, 조기 종료될 수 있습니다.

두타몰 주소 서울특별시 중구 장충단로 275 두산타워 1F~6F
두타몰 영업시간 AM10:30~AM05:00(월~토), AM10:30~AM00:00(일)
대표 번호 02-3398-3115

<사용 안내>
- 신규 회원 가입 시 3,000 포인트는 즉시 사용 가능합니다,
  마케팅 활용 동의 2,000 포인트는 익일부터 사용 가능합니다.
- 결제 시 일부 매장 및 상품의 경우, 포인트 적립 및 사용이 제외될 수 있습니다.
- 본 멤버십 가입 혜택은 당사 사정에 따라 변경, 조기 종료될 수 있습니다.

두타몰 주소 서울특별시 중구 장충단로 275 두산타워 1F~6F
두타몰 영업시간 AM10:30~AM05:00(월~토), AM10:30~AM00:00(일)
대표 번호 02-3398-3115

<사용 시 유의사항>
- 일부 요금은 적용이 불가능할 수 있습니다.
- 다른 쿠폰과 중복 사용이 불가능합니다.
- 호텔패스 포인트와 함께 사용하실 수 있습니다.

Coupon
두근두근 여행 다이어리 북 시리즈에서 준비한 특별 여행선물

YOLO PROJECT
두근두근 여행 다이어리 북
×

해외 렌터카 예약 시 10% 할인

CDP NO 2138455

<사용방법>
- Hertz 홈페이지 > 예약 > CDP 번호 입력 > 10% 할인
- Hertz 해외 예약센터 > 예약 > CDP 적용 요청 > 10% 할인

<사용 시 유의사항>
- 본 CDP 번호의 할인은 사전 예약 시 적용되는 할인요금에 추가로 적용됩니다.
- 예약은 출국 24시간 이전까지 완료되어야 합니다.
(아시아 지역은 48시간 이전)
- 일부 국가, 영업소, 차량에 대해 할인 적용이 제한될 수 있습니다.
- Hertz의 기본 임차 자격 및 이용규정과 지역별 임차 기간 및 반납 규정, 예약 요금제별 규정이 적용됩니다.
- 해당 할인코드는 사전 예고 없이 변경 혹은 취소될 수 있습니다.

<Hertz 예약>
- 온라인 예약: www.hertz.co.kr
- 해외 예약센터: 1600-2288
(영업시간: 월-금 09:00-18:00 / 주말 공휴일 휴무)

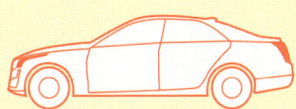

★ 허츠 골드회원 혜택 ★

허츠 홈페이지를 통해 회원 가입을 하면, 허츠에서 제공하는 다양한 회원 혜택을 받을 수 있다.(회원 가입 무료)

① 골드회원 전용 할인 혜택
회원 등록 시 기입된 이메일을 통해 특별 할인정보를 제공한다. 또한 사이트 로그인 시, 비회원이 볼 수 없는 [회원전용] 프로모션 혜택도 받을 수 있으며 기본 프로모션 때도 비회원보다 높은 할인율을 제공받을 수 있다. 배우자 추가 운전자 등록 무료, 아동용 카시트 요금할인 혜택도 제공된다.

② 신속한 임차 서비스
임차 계약서 작성 등의 과정 없이 회원전용구역에서 바로 차량 픽업이 가능한 혜택이다. 예약시간에 맞춰 영업소에 방문하여 사무실 앞 전광판에서 본인 이름과 차량이 대기되어 있는 주차장 번호를 확인하면 완료. 전광판이 없는 영업소는 Gold Booth 또는 Gold Counter에서 수속하면 된다.

③ 골드 초이스
내가 예약한 차량 등급 내에서 선호하는 차량을 직접 선택할 수 있다. 미국 및 유럽의 주요 공항에서 서비스 이용이 가능하다.

④ 얼티메이트 초이스를 이용한 업그레이드 혜택!
하루 당 35$ 추가 요금으로 Premium Upgrade 구역에 있는 Hertz Collection의 최고급 차량(인피니티 Q50, 아우디 A3, 벤츠 CLA250)으로 업그레이드가 가능하다. Platinum 또는 President's Circle 회원은 25$로 이용 가능하며, President's Circle 회원은 Compact 차량 예약 시 Midsize로 무료 업그레이드 또한 가능하다. 현재 미국 주요 영업소에서 이용할 수 있으며, 점차 확대할 예정이다.
#개이득 #올해_론칭한_서비스!

⑤ 포인트 프로그램
전 세계 150여 나라, 9,700개의 영업소를 운영하고 있기 때문에 어디를 여행해도 허츠를 이용할 수 있다. 이때 회원 포인트를 적립하고, 적립된 포인트를 이용하여 무료 임차 서비스를 받을 수 있다. 단, 포인트 적립이 가능한 영업소여야 한다.

⑥ 회원 등급 프로그램 서비스
회원 등급이 높아지면 높아질수록 포인트 적립, 차량 업그레이드 등 다양한 혜택이 증가된다.

Coupon
두근두근 여행 다이어리 북 시리즈에서 준비한 특별 여행선물

YOLO PROJECT
두근두근 여행 다이어리 북
×

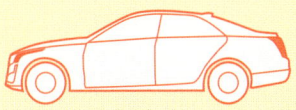

해외 렌터카 예약 시 **10% 할인**

CDP NO 2138455

<사용방법>
- Hertz 홈페이지 > 예약 > CDP 번호 입력 > 10% 할인
- Hertz 해외 예약센터 > 예약 > CDP 적용 요청 > 10% 할인

<사용 시 유의사항>
- 본 CDP 번호의 할인은 사전 예약 시 적용되는 할인요금에 추가로 적용됩니다.
- 예약은 출국 24시간 이전까지 완료되어야 합니다.
(아시아 지역은 48시간 이전)
- 일부 국가, 영업소, 차량에 대해 할인 적용이 제한될 수 있습니다.
- Hertz의 기본 임차 자격 및 이용규정과 지역별 임차 기간 및 반납 규정, 예약 요금제별 규정이 적용됩니다.
- 해당 할인코드는 사전 예고 없이 변경 혹은 취소될 수 있습니다.

<Hertz 예약>
- 온라인 예약: www.hertz.co.kr
- 해외 예약센터: 1600-2288
(영업시간: 월-금 09:00-18:00 / 주말 공휴일 휴무)

★ 허츠 골드회원 혜택 ★

허츠 홈페이지를 통해 회원 가입을 하면, 허츠에서 제공하는 다양한 회원 혜택을 받을 수 있다.(회원 가입 무료)

① 골드회원 전용 할인 혜택
회원 등록 시 기입된 이메일을 통해 특별 할인정보를 제공한다. 또한 사이트 로그인 시, 비회원이 볼 수 없는 [회원전용] 프로모션 혜택도 받을 수 있으며 기본 프로모션 때도 비회원보다 높은 할인율을 제공받을 수 있다. 배우자 추가 운전자 등록 무료, 아동용 카시트 요금할인 혜택도 제공된다.

② 신속한 임차 서비스
임차 계약서 작성 등의 과정 없이 회원전용구역에서 바로 차량 픽업이 가능한 혜택이다. 예약시간에 맞춰 영업소에 방문하여 사무실 앞 전광판에서 본인 이름과 차량이 대기되어 있는 주차장 번호를 확인하면 완료. 전광판이 없는 영업소는 Gold Booth 또는 Gold Counter에서 수속하면 된다.

③ 골드 초이스
내가 예약한 차량 등급 내에서 선호하는 차량을 직접 선택할 수 있다. 미국 및 유럽의 주요 공항에서 서비스 이용이 가능하다.

④ 얼티메이트 초이스를 이용한 업그레이드 혜택!
하루 당 35$ 추가 요금으로 Premium Upgrade 구역에 있는 Hertz Collection의 최고급 차량(인피니티 Q50, 아우디 A3, 벤츠 CLA250)으로 업그레이드가 가능하다. Platinum 또는 President's Circle 회원은 25$로 이용 가능하며, President's Circle 회원은 Compact 차량 예약 시 Midsize로 무료 업그레이드 또한 가능하다. 현재 미국 주요 영업소에서 이용할 수 있으며, 점차 확대할 예정이다.
#개이득 #올해_론칭한_서비스!

⑤ 포인트 프로그램
전 세계 150여 나라, 9,700개의 영업소를 운영하고 있기 때문에 어디를 여행해도 허츠를 이용할 수 있다. 이때 회원 포인트를 적립하고, 적립된 포인트를 이용하여 무료 임차 서비스를 받을 수 있다. 단, 포인트 적립이 가능한 영업소여야 한다.

⑥ 회원 등급 프로그램 서비스
회원 등급이 높아지면 높아질수록 포인트 적립, 차량 업그레이드 등 다양한 혜택이 증가된다.

KI신서 7250

NEW YORK
두근두근 뉴욕

1판 1쇄 인쇄 2017년 11월 27일
1판 1쇄 발행 2017년 12월 15일

펴낸이 김영곤
펴낸곳 (주)북이십일 21세기북스

실용출판팀장 김수연 **책임편집** 이보람
진행 김유정
디자인 elephantswimming
사진 김유정, 뉴욕관광청
출판영업팀 이경희 이은혜 권오권
출판마케팅팀 김홍선 최성환 배상현 신혜진 김선영 나은경
홍보팀 이혜연 최수아 김미임 박혜림 문소라 전효은 백세희 김세영
제작팀장 이영민

출판등록 2000년 5월 6일 제406-2003-061호
주소 (10881) 경기도 파주시 회동길 201 (문발동)
대표전화 031-955-2100 **팩스** 031-955-2151 **이메일** book21@book21.co.kr

(주)북이십일 경계를 허무는 콘텐츠 리더

21세기북스 채널에서 도서 정보와 다양한 영상자료, 이벤트를 만나세요!
장강명, 요조가 진행하는 팟캐스트 말랑한 책수다 <책, 이게 뭐라고>
페이스북 facebook.com/21cbooks 블로그 b.book21.com
인스타그램 instagram.com/21cbooks 홈페이지 www.book21.com

ⓒ 북이십일 21세기북스

ISBN 978-89-509-7297-4 13980

· 책값은 뒤표지에 있습니다.
· 이 책 내용의 일부 또는 전부를 재사용하려면 반드시 (주)북이십일의 동의를 얻어야 합니다.
· 잘못 만들어진 책은 구입하신 서점에서 교환해드립니다.